科学的にイライラ怒りを手放す

神子育て

星渉
WATARU HOSHI

朝日新聞出版

はじめに

この本を手にとっていただけて本当によかった。

なぜなら、やっとあなたが子育てに関する「悩み」や「不安」、そして「イライラ」から解き放たれるときがきたからです。

しかも、あなたが今まで想像もしなかった方法で。

もし、あなたが、

- 出かけるとき、いつも子どもに「早く！　早く！」とイライラしながら言うのをやめたい。
- 「あれしなさい！　これしなさい！」といちいち指摘するのは嫌だ。
- イライラ、ガミガミばっかりの自分がもう嫌だ。自分を変えたい。
- いつも精神的にも、時間的にも余裕を持って笑顔で子どもに向き合いたい。

● こんなに悩みながらも子育てを頑張ってるんだから、もっと周りに優しくしてほしい。

と思ったことがあるのなら、**間違いなくこの本はあなたのお役に立てる**ので安心して読み進めてください。

なぜ、そんなことが言えるのか？

それは、**これらの悩みや不安、イライラは全てこの本に書いた「神子育て」で、すでに解決したママたちがいる**からなんです。

「神子育て」の効果はすでに実証済み

この本は、日本最大手の子育て雑誌『AERA with Kids』（朝日新聞出版）さんで企画された、「科学的に子育てのイライラを攻略する」をテーマに、実際に子育て中のママを集めて、3ヶ月実践し、追跡した「神子育て講座」の内容を、そのまま全て記載したものです。

そう、**あなたの代わりに先に「本当にこれは効果があるのか？」と実験してくれたママ達がいる**んです。そして、その成果は、1ヶ月も経たないうちに表れました。参加者のママ達は、先ほどの悩みが解決し始めたのです。

ここで「神子育て講座」に参加されたママ達の感想を一部ご紹介しますね。

フルタイムで仕事をしています。仕事で疲れると日々の生活で心に余裕が持てず、子どもに寂しい思いをさせているのに、素っ気ない態度や、ついイラッとしてしまっていました。このままではいけないと星さんの「神子育て講座」を受けたら、回を重ねるごとに自分が生まれ変わる感覚がありこんなにワクワクした講座は初めてでした。子どもにも自分でわかるくらいおおらかに接することができるようになりました。そして、驚くべき

ことは星さんに神子育て講座で教えてもらったことを息子に実行したら、私が変わっただけではなく、息子の成績がアップしたのです。本当にこの講座を受けて良かったです。（中学生と小学生の男の子2人の40代のママ）

イライラ、ガミガミばっかり言っている自分がとにかく嫌で、そんな自分を変えたいと思って受講しました。星さんの講座で学んだことを早速自宅で試したら、子どもだけではなく夫も協力的になり、家庭内の雰囲気が驚くほど変わりました。今では気持ちのいい空気が流れています。気がつくと私もイライラ、ガミガミがなくなっていて、どんなマジックをかけられたのか驚くばかりです。（小学生の男の子と女の子、3歳の女の子の30代ママ）

子どもが言うことを聞かないと最終的に命令するか、怒ってしまう自分のメンタルのコントロールや伝え方をどうにかしたいと思って星さんの「神子育て講座」を受講しました。星さんから教えてもらった科学的な根拠のあるアプローチで子どもと接するようになったら、朝ごはんを子どもが作っ

てくれるなど、今まであり得なかった変化が起こりました。本当に星さんの神子育て講座に感謝していますし、この講座が大好きです。（小学生の男の子と幼稚園児の女の子の40代ママ）

これはほんの一部ですが、これで本書の内容があなたにどのような変化をもたらしてくれるかのイメージが湧いたのではないでしょうか？

3ヶ月、全6回の講座をそのまま紹介

この本は、「神子育て」を実践し、すでに望む結果を手に入れたママ達と同じような効果があなたにも起きるように、**一般には非公開にしていた講座のビデオを全て文字起こしする形で作成**しました。

詳しくは本書で科学的に解説していきますが、**3ヶ月全6回の講座をそのままお伝えしてあります**。講座の内容を簡単に紹介します。

Day 1

「ママが幸せにならなければ、子どもは幸せになれない」をテーマにしています。あなたがこれまで子育てで大切だと思っていた思い込みが覆される経験をするかもしれません。

Day 2

「子育てはメンタルが9割」の理由。そして、子育てを攻略するには、子どもではなく、自分の脳を攻略しないと、いつまで経っても現実が変わらない理由を誰でもわかる形で解説しています。

Day 3

「科学的にイライラママから脱却する」をメインテーマとし、子育て最大の悩みでもある「イライラ」をどうにかしたい！と思っているあなたのために、科学的な方法で解決していきます。

Day 4

子どもの成長、そして将来のためにも「良い習慣」を身に付けさせたいママのために「子どもの習慣は親の伝え方しだい」とし、習慣づけをする際にハマってしまう罠《わな》などについて解説していきます。

Day
5

「神子育ては親の神トークで初めて実現できる」。子育ての悩みは実は全て伝え方で解決できるという新常識を公開します。

Day
6

「ママが幸せになるための最強の味方を育てる」。シカゴ大学の研究結果を基に、今以上にあなたが楽になるための味方づくりの秘訣《ひけつ》をお教えします。

あなたが行うことは、18ページから始まる講座をただ読み進めて実践するだけ。その内容はすでに実践し、効果があると証明してくれているママ達がいるのです。こんなに心強いことはありません。
たった1冊の本との出会いで、今の悩みがすべて解決するならこんなに素敵な出会いはないでしょう。あなたの子育ての悩みが、イライラが、そして人生が変わる「神子育て講座」を楽しんで読み進めてください。

本書は、『AERA with Kids』で企画、開催された星渉さんによる「神子育て講座」を一冊の本に構成したものです。臨場感をお伝えするため、未公開動画を文字に起こして作成いたしました。通常の書籍よりも口語体の表現が多くなっておりますが、是非、実際にご参加されている気持ちで読み進めてください。できれば各講座内で紹介しているワークや宿題もやっていただくとより効果が実感できます。（編集部）

Contents

科学的にイライラ
怒りを手放す
神子育て

はじめに　8

Day 1 ママが幸せにならなければ、子どもは幸せになれない

すべての子育ての不安を解消する「神子育て」とは　18
毎日同じことの繰り返しは不幸になる？　26
子どもが味方になってくれる伝え方の鉄則　29
言っているつもり、がいちばん危険　32
心配しすぎるママは幸せになれない？　37
「ありのまま」はママを強くする　39
いつまでも幸せなママが優先していること　44
なぜ、あのママはいつもブレないのか？　47
イライラするママは、自分がどうなりたいのか？がわかっていない　56

Contents

Day 2 子育ては「メンタル」が9割

ママが未来を変えるために必要なモノとは？ 64
子どもの可能性を奪う「カラーバス効果」 67
脳を味方につけないと子育ては攻略できない 70
日本のママが未来を描けない理由 72
「未来の自分」を体験するスゴイ方法 75
過去ではなく、未来を生きる 79
選択と行動が変わる＝未来が変わる 81
ママのひと言が子どもの将来を決めてしまう理由 83
すべては過去の記憶を変えることから始まる 86
ママを邪魔する「ドリームキラー」はやはり存在する 89
「なりたい姿」は自分の中にある 91
自分を変えるのに不可欠な「2つの現実」 94

Day 3 科学的に「イライラママ」から脱却する

イライラの原因は「自分の言葉」という真実 104
言葉は私たちが考えている以上に重要だ 112
子どもに期待しないママはイライラしない 116
神子育てのキーワード「期待しない」 118
子どもの気持ちが手にとるようにわかる「エンプティチェア」 124
「こうあるべき」に苦しんではいけない 130
反抗期の子どもが可愛く見える裏技 133
ゆるキャラ思考で不安は味方になる 135

Contents

Day 4 科学的アプローチで正しく習慣づくりを実行する

習慣づけにも科学的メカニズムを使う 144
子育てとは「子どもの記憶づくり」である理由 147
全員ハマっている「習慣づけ」の罠 150
ドーパミンで子どもの習慣化を極める 154
とにかく自分で決めさせるのがコツ 156
子どもが何を言おうと「否定しない」 158
子どものやる気を生み出すクローズドクエスチョン 160
伝え方が上手なママは、笑顔上手である事実 163
「こうしなさい」はやる気を奪う魔法の言葉 165
悪習慣を断ち切るママの味方「20秒ルール」 172

Day 5

神子育ては神トークで実現できる

将来、子どもが高収入になることを確定させる方法 180
オキシトシン教育が将来の分岐点 185
勝手に子どもが幸せになる「4つのアクション」 187
神子育てコミュニケーション3大原則 191
会話で目を合わせない夫婦は離婚する確率が高い 194
ママの時間管理はストレス管理から 202
忙しいときの「ねぇ、ねぇ、ママ?」を完全攻略 205
誰も知らない親子仲を深める特別な言葉 212

Contents

Day 6

夫婦関係をアップデートして、長続きする幸福感を手に入れる

子育て世代が幸せを感じない日本 220
価値観を一致させて夫婦関係を再起動させる 226
夫を味方にするシンプルな行動 230
夫婦間は「重めの感謝」が喜ばれる 233
幸せなママは相手の瞳に映る自分の姿を意識する 238
コントロールできないものに期待しないママが幸せ 242

WORK

1 ママが幸せになる「感謝のワーク」 43
2 ママの幸せの目的地を決めるワーク 54
3 未来で生きるインタビューワーク 78
4 「言いたくない言葉」言い換えワーク 114
5 「ありがたい」を増やして、イライラを減らすワーク 122
6 相手の気持ちになれる「エンプティチェア」 127
7 コミュニケーション上手になる「アイコンタクトワーク」 200
8 コミュニケーションがもっと上手になる「3つのセット」 208

Day 1

ママが幸せにならなければ、子どもは幸せになれない

すべての子育ての不安を解消する「神子育て」とは

皆さんこんにちは。作家の星渉です。

今回は、約3ヶ月にわたる全6回の講座という長期スパンの講座であるにもかかわらず、お集まりいただきありがとうございます。いろいろと調整するのが大変だったと思います。

私からは感謝の気持ちを込めて、そしてここに来られた皆さん自身に、そして一緒に学ぶことができる仲間と出会えたことに、まずは皆で拍手をしてスタートしたいと思います。

実はこの講座、1回しか告知していないにもかかわらず、最初の段階で約200名の方にご参加の希望をいただいたんです。それだけ、子育てのことを真剣に考えていて「変わりたい」と思っている方が多いということですよね。

ただ、今回は『AERA with Kids』さんの特集ということもあり、一人ひとりの変化の過程を追跡していきたいということから、最終的には13名の方に参加を絞らせていただきました。なので、参加できなかった方たちの思いも背負って、というとちょっと重くなっちゃいますが（笑）、皆さんしっかり知識を得て、変化していってほしいな、と思っています。

私の今回のミッションはただひとつ。
3ヶ月間でここにいる皆さんに変化を起こすことです。
そのために私が皆さんにすることを先にお伝えしますね。

1．行動するためのレシピをお渡しする……心理学、脳科学的にみて子育てがうまくいくようになる方法、幸せな子育てができる方法が確実にあります。それを誰でも実行できるよう、料理のレシピのようにしてお渡しします。

2．レシピを実践できるようにする……「レシピ」をもらっても実際にできないと意味がないので、実践に移すためのトレーニングをします。

今度は皆さん側のルールです。これを意識してもらわないと、せっかく私がお伝えしたことも身に付かないよ、というルールが3つあります。

1. 楽しむ……何事も**楽しくないと続きません**。学びの場ではありますが、リラックスして楽しくやっていきましょう。

2. 積極的にアウトプットする……**人間の記憶はインプットしたときよりアウトプットしたときのほうが定着することがわかっています**。知識を入れたら口に出したり、行動したり、積極的にアウトプットするようにしてください。

3. 積極的に関わる……**この講座の主役は私ではなく皆さんです**。積極的に関わって、**受け身でなく、我が事としてくださいね**。それが**確実に変化していくポイント**です。

さて、これからいよいよ本題です。

今、皆さんが感じている子育ての悩みって何でしょうか?

この質問、皆さんには事前のアンケート（61ページ下参照）で答えてもらいました。お子さんの人数や年齢はもちろん、お住まい、お仕事の有無など皆バラバラでしたので、いろいろな答えがありました。

例を挙げると、

- 子どもが思うように動いてくれない
- 仕事が忙しくて子どもに向き合う時間が十分とれない
- 夫が子育てや家事に協力的でない
- 反抗期の子どもに手を焼いている

などですね。

そして中でも非常に多かったのが、このような言葉です。

「すぐにイライラしてしまう」
「一度爆発すると止められないときがある」
「つい子どもに当たってしまう」

ご自身のメンタルに関するものが多かったんですね。

そこで、まずはいちばん大切な土台となるお話から入りますね。


まず、いちばん重要なのは「自分」です。

皆さんがいい状態でないとお子さんにいい影響を与えることはできないですし、皆さんが幸せじゃないとお子さんも幸せになることができません。

これは決して、「子どもにガマンをさせて親優先で考えろ」という意味ではありません。

自分自身をいい状態にしないと、子どももいい状態にすることはできない。

そのためには、子どもを変えようとするのではなく、変えるべきは自分である、ということ。

そして、自分が変われば、お子さんも変わります。

だから、最終的に、ママの幸せが子どもの幸せにもなるということです。


そこで、今回の子育て講座の目的は、子どもを変えるテクニックを学ぶので

はなく、自分を変えていくことです。

私のところに相談に来る方の中にも、自分のことはさておき、「子どもをこう変えたいのですが」とおっしゃる方が多いんですが、違うんですね。自分が変わらないとお子さんは変わらないのです。

一言で定義すると、「神子育て」＝「ママの幸せ」です。

こう言うと、「私の幸せは子どもの幸せです。今は自分のことは二の次でいいんです」とおっしゃる方がいるんですね。

でも、先ほど申し上げたように、まずはママが幸せじゃないと子どもも幸せになることができないんです。

POINT
神子育てとは、まずはママ自身が幸せになること

幸せっていうと漠然としているかもしれませんが、私は**幸せって感情**だと思っているんです。嬉しいとか楽しいとか、いい感情を感じている状態。「この人と一緒にいると安心できるな」という気持ちでもいい。子どもの寝顔を見ると、ほっこりする、とか。

そういう感情が得られると自分自身が機嫌がいい状態でいられます。いつも機嫌がいい人の周りにいくと、こちらまで幸せな気分になるじゃないですか。幸せって伝染することが科学的にも証明されています。

やはり、ママの機嫌がいいと、それが家族に伝染して、皆が幸せになるんです。もちろん、パパがご機嫌でいることも家族に伝染しますが、今回はママを対象にした講座なので、ママが幸せになることにフォーカスしていきます。だから皆さん、もっと自分の機嫌をよくすることに目を向けたほうがいい。

一人でカフェでお茶をするのでも、カラオケに行って歌うことでも、家事を外注して部屋をピカピカにしてもらうのでも何でもいいんです。

「これが私の機嫌がよくなるアイテム」というのを持っておくといいですね。そのために時間やお金を使うのはまったくムダではありません。

ここでもうひとつ重要なのが、自分の機嫌がよくなる対象を子どもの言動に求めないことです。

「子どもが言うことを聞いてくれた」「子どものテストの点数がよかった」などですね。

もちろん、子どもの言動に一喜一憂するのがダメ、と言っているのではありません。自分自身の機嫌を子どもの言動に左右されてはダメ、ということです。あくまで自分自身で機嫌をコントロールする方法を見つけることが大事なんです。

ほら、何か自分にいいことがあったときは、いつもなら子どもに対してイラッとすることも、許せちゃうときありますよね？　自分の機嫌と子どもの言動は切り離して考えるべきです。

POINT

自分の機嫌と子どもの言動は切り離す

毎日同じことの繰り返しは不幸になる？

神子育ての目的が、「ママ自身の幸せ」ということがわかったら、ここからは「幸せ」についてもう少し科学的にみていきましょう。

皆さんは、どんなことが「幸せの要素」になると思いますか？

一見漠然としている「幸せ」の状態ですが、実はいろいろ研究されているんです。日本では、『99・9％は幸せの素人』（KADOKAWA）という本を共著で出させていただいた、慶應大学大学院教授の前野隆司《まえのたかし》先生が「幸福学研究」の第一人者として有名です。

実は**幸せって4つの要素からできている、ということが科学的に証明されているんです。**科学的に証明されている、ということは、**「こういうことをやるといい感情が生まれる」ということがわかっている、**ということです。

それは何だと思いますか？　ちょっとグループで話し合ってみてください。

（1分ずつ自分の考えをグループメンバーに話す）

はい！　そこまで。では誰か発表してもらえませんか？

（参加者）「お金をかせぐ！」

おお～！　いいですね。お金、大事ですよね。他にありませんか？

（参加者）「周りの仲間」

確かに。それはありますよね。

では正解を発表しますね。

ひとつめは、「やってみよう」と思う気持ち。つまりチャレンジ。**何かに挑戦しているかどうか**、です。

夢や目標に向かってチャレンジしているときって、不安もたくさんありますが、「やるぞー！」という気持ちになったり、ワクワクしたりしますよね。これが、その**人の幸せ感に非常に影響してくるのです**。

実際、同じことを繰り返してる「変化がない生活」というのは幸福感を感じにくい、というのは納得がいくのではないでしょうか。

「順化《じゅんか》」と言いますが、同じことの繰り返しは、しだいに慣れてつまらなくなってしまう。

そうすると、充実感がなくなって幸福度も下がる。だからこそ、幸せを感じるためには新しい挑戦、つまり何かをやってみよう、っていうのが重要になってくるんです。

だからたとえ子育て中でも、どんなに忙しくても、子育てだけに専念するのではなく、「自分自身がやりたいこと」を持つことがすごく大事なんです。

POINT

「自分のやりたいこと」に取り組むママの幸福度は高い

子どもが味方になってくれる伝え方の鉄則

ママの幸せを構成する4つの要素、ふたつめは、「ありがとう」と思う気持ち。感謝です。

これ、間違ってはいけないのですが、「感謝されている」ではなく、「感謝している」です。家族や自分と関わる周りの人たちに感謝をすると、その人自身が幸せになることが科学的にわかっているんです。

もちろん、人から感謝されると嬉しいですから、どちらがいいか、という話ではなく、家族や周りの人に「ありがとう」と言うことは想像以上に皆さん自身に幸せをもたらしてくれる、ということを理解してほしいのです。

まずね、「ありがとう」をたくさん言っていると、どんどん周りの人が皆さ

んの言うことを聞いてくれるようになります。

　自分が「ありがとう」と言われたときのことを想像してみてください。

素直に嬉しいし、自分のことを大切に思ってくれているんだな、と思いますよね。これを「自己重要感」というのですが、**感謝の言葉を伝えることは、相手に自己重要感を伝える、最強の方法**なんです。


「最強」ってすごくないですか？

　例えば、仕事なら給料を上げる、昇進させてあげる、なども相手の自己重要感を高める方法ですよね？　それよりも**日々感謝の言葉を伝えるほうが相手の自己重要感を高めるのに効果的だった**、ということなのです。


　相手に自己重要感を伝えることで何がいいかというと、**相手が自分の言うことを聞こう、と聞く耳を持ってくれる**ことなんですね。

　つまりこういうことです。**自分のことを大切に思ってくれている→自分のことを認めてくれている→この人の話なら聞いてもいいと思う**、という流れです。

これは子どもでも同じ。**ちょっとしたことでも「ありがとう」**という言葉を**伝えれば、子どもの中に自己重要感が生まれ、ママの言うことを聞こう、という気持ちになる**のです。

子どもの「自己重要感」を高めることが大事なのは、親の言うことを聞くようになるだけではありません。

むしろ、もっと大事なのは、**子どもの「やる気」を引き出すことにつながるからです。何かを目指して頑張れるのは、「ここは心地よい」と思える「安心感」と「自分は価値ある人間だ」と思う「自己重要感」を持っている子**です。

だから「子どもにいちいち言うなんて」と思わずに「ありがとう」と言ってみてくださいね。

POINT

子どもに「ありがとう」をたくさん言うと、言うことを聞いてくれる

言っているつもり、がいちばん危険

繰り返しますが、「ありがとう」は、相手を喜ばせるだけでなく、相手に自己重要感を与え、結果的に自分の言うことも聞いてくれるようになる最強の言葉です。

周りの人に「ありがとう」を伝えることであなたの味方がどんどん増えるイメージです。

それにね、「ありがとう」が最強の理由がまだあるんですよ。

なんだと思います？　1分間グループで話し合ってみてください。

代表の方に発表してもらいましょうか。

（参加者）「すぐに言えるから」

「言っている自分にも聞こえるから」

いいですね！

それももちろんありますが、**「他の人はあまり言っていないから」**というの**が答え**です。

つまり、**感謝することをみんな軽くみているよ、ってこと**なんです。専門用語で言うと**「感謝軽視バイアス」**っていう言葉になります。

ちなみに、人にありがとうって言うことはとっても大事だし、とっても重要だな、って思う人、手をあげてみてください。

（全員挙手）

では、「私は1日に30回以上ありがとうって言ってます」っていう人いますか？

（……）

なかなかいないですよね。10回でもあまりいないかもしれない。

ありがとう、と言うことが大事なのを我々はわかっている。でも、今日何回

ありがとう、って言いましたか？って問われると微妙じゃないですか？　もしかしたら、1回も言っていないかもしれない。

日常で「ありがとう」と言えるタイミングってけっこうあるんですよ。

まずは何かをやってもらったときに私たちがよく言う「すみません」。

これを「ありがとうございます」に変えてみる。

家族であれば、ふだんの何げない行動や、やって当たり前のこと（子どものお迎えに行ってくれた、お皿を下げてくれた）にも、あえて「ありがとう」と声に出してきちんと言ってみる。

「いつも言っていないタイミングで、わざわざちゃんと言ってみる」

ということがポイント。

とはいえ、これ、言い慣れていないとなかなか口から出てこないんですよ。

だから、もう口癖にしちゃうといいんです。

私もかつて、日本一の個人投資家と言われた故・竹田和平《たけだわへい》さんが1日3千回ありがとうと言っていたと知り、同じことをやってみようと思ったんですね。

毎朝約40分、身支度やその日の仕事の準備などをしているときに、「ありがとう、ありがとう」と言い続けてみたんです。

そうすると、50~60回くらい言ったところで、ろれつが回らなくなるんです。そのとき、「ありがとう」って意外と言い慣れない言葉なんだなあ、ということを実感しましたね。

それでも1ヶ月ぐらい言い続けると完全に体に入り、ふだんの会話の中でスッと出てくるようになりました。

ですから、今まで経営者の方たちにも、1日何回も「ありがとう」を言う練習をすることをアドバイスしていました。だってそれが相手の自己重要感を満たす最強の方法なんですから、経営者の方ほど部下や取引先の人に言うべきなんです。

さらに「ありがとう」をバージョンアップさせる言い方をお教えします。

「○○してくれてありがとう」と相手の行動に対して言うのでもいいんですけど、**相手の性格とか存在に対して褒めてあげる**ともっといいんです。

「○○してくれてありがとう。やさしいね」とか「○○してくれてありがとう。すごく頼りになるよ」とか。

このように**行動＋存在を褒めながら感謝を伝えることこそ合わせ技一本！**

相手の自己重要感を最高に高めます。

お子さんに言うなら**「生まれてきてくれてありがとう」「ママの子でいてくれてありがとう」**などを伝えるのもいいですね。

これこそ、かけがえのない素敵な言葉だと思いませんか？

POINT

「行動＋存在＋ありがとう！」を1日10回言ってみよう！

心配しすぎるママは幸せになれない？

さて、ママの幸せを構成する4つの要素、3つめです。

それは、**「なんとかなる」と思う気持ち。物事を楽観的に見れる人のほうが幸せになることがわかっています。**

物事を楽観的にとらえて、「もう、なるようになるでしょ」と言える人のほうが幸せです。実はこれ、親が子どもに対して思う気持ちとしてはすごくハードルが高いんですね。

以前、先ほど紹介した慶應義塾大学の前野先生と対談したときも、「うちの子が中学受験をしたとき、私は『どんな結果になっても大丈夫。なんとかなる』と言っていましたが、妻はピリピリしちゃって」っておっしゃっていました（笑）。

やはり**お母さんは子どものことがいつでも心配な生き物**なんですよね。

でもちょっと冷静に考えてみてください。

お母さんたちが言っている「なんとかならない」は結果ありきのものなんです。例えば受験だったら「合格しない」が「なんとかならない」。

でも、今回のママの幸せを構成する4つの要素のひとつ「なんとかなる」は「幸せに生きていけるかどうか」。つまり、受験で失敗しても、幸せに生きる方法はいくらでもあるので、「人生なんとかなる」となるわけです。

もし、自分がやや悲観的な見方をしがち、と思うのであれば、「なんとかなる、なんとかなる」と言い続けて、自分の脳にそう思い込ませてしまうのが一番シンプルな方法ですね。

POINT

「なんとかなる」を口癖にしたママから幸せになる

「ありのまま」はママを強くする

最後、４つめの要素は、「ありのまま」でいることができているか。

つまり、**他人の目を気にしない、ということです**。本当はこうやりたいんだけど、他の人にこう思われるかもしれないから、と自分の意見を殺してしまっている人は、科学的には幸福度が高くないことがわかっています。

他人の目を気にしないで、「自分はこうやりたいからいいんだ」と思える人は幸せです。

これこそ自分らしく生きる方法です。

これはズバリ、「人と比べない」ということです。

ただ子育てしていると、どうしても周りの子の成長が気になったり、きょうだいで成績を比べたりしがちですよね。

そんなときこそ、ママの幸せを構成する4つの要素の3つめ「なんとかなる」という考え方です。まずは心配しすぎるのをやめる。

さらに、子どもの成長スピードや、成績、習い事の上手《うま》い下手などを周りの子と比べるのではなく、「ありのまま」を認めてあげられるかどうか。

ここが、ママが幸せに生きられるかどうかの分かれ目ですね。

もちろん、子どもの「ありのまま」を認めるだけでなく、自分自身もそうです。他の人と比べたり、他人の目を気にしたりしないで、「ありのまま」の自分を受け入れることができていますか?

POINT

自分は自分でいい、と思えるママが幸せ

幸せの4因子

「やってみよう」因子

自己実現と成長

「ありがとう」因子

つながりと感謝

「なんとかなる」因子

前向きと楽観

「ありのままに」因子

独立と自分らしさ

さあ、いかがだったでしょうか？

この中でまず真っ先にやってもらいたいのが「感謝する」ことですね。「ありがとう」と言えばいいんですから、誰でもできるし、時間もかからないし、超簡単じゃないですか。

問題は何に感謝できるか、ですよね。

では、ここで2分時間をとります。日々、どんなことに感謝できるか、最低でも30個ノートに書いてみてください。どんなささいなことでもいいんですよ。

ふつうは見逃してしまうことにも感謝ができるようになること。この視点が大事です。

WORK

1 ママが幸せになる「感謝のワーク」

書いてみよう!

日常の生活で「感謝できること」「ありがとうと言えること」はどんなことがあるでしょうか？　ノートなどに30個書いてみましょう。

参加者の例

● 子どもが元気なこと　● 生きていること　● 今日無事にこの会場に来れたこと　● お店に品物がたくさんあること　● 家族が健康であること　● 今飲んでいるお茶がおいしいこと　● 仲間がいること　● 店員さんが優しい対応をしてくれたこと　● 昨日しっかり眠れたこと

参加者の感想

● とにかく、周りに「ありがとう」を伝えるように心がけたところ、子どもや夫もいい気分になり、家族間に気持ちのいい空気が流れるようになりました。(Sさん　10歳男子、8歳女子、3歳女子の母)

● この講座が終わったあとに、コロナ騒動が始まり、長女が不登校ぎみになったり、私自身の仕事もどうなるかわからなくなったり、いろいろ不安がつのることが多くなりました。しかし、そんなとき「感謝のワーク」を思い出して「元気でいてくれてありがとう」「お手伝いしてくれてありがとう」と感謝の言葉を周りに言っているうちに、心が軽くなり、「なんとでもなるさ」と思って毎日を過ごせるようになりました。(Yさん　8歳女子、6歳男子、4歳男子の母)

いつまでも幸せなママが優先していること

どんなことをすると、ママの幸福度が上がるのか？　なんとなく見えてきましたでしょうか？　まとめると、**ありのままの自分を認め、なんとかなるだろう、と思い、常に感謝を忘れない。その上で、何かにチャレンジをする。**

でも皆さん、ここで疑問に思うかもしれませんね。

「お金は幸せの要素にはならないの？」って。

いや、なります。でも厳密に言うと、**お金で得られる幸せ感というのは長続きしないんです。**ちょっと専門的な話になりますが、人が持つ「財」には２種類あると言われています。

ひとつが**「地位財」**と言われるもの。まずはお金。大きい家、車、宝石といったモノ、部長になったとか、○○大卒という肩書など。基本、**人との比較で満足を得られる財**のことです。

わかりやすい幸せのシンボルですし、人間はこれらを欲する生き物ですが、実はこれらを持っても幸せが長続きしないと言われています。

対して、「非地位財」と言われるものは、自由とか健康、愛情などですね。家族との時間などもそうです。これらは人との比較なく幸せを得られるものです。そしてこれらは幸せが長続きします。

先ほど紹介した幸せの4つの要素は、比較的「非地位財」として捉えられるものがほとんどなんですね。目標に向かってワクワクする心とか、感謝することによって得られる良好な人間関係、「なんとかなる」「ありのままでいい」と思える心の自由さ。

でもややこしいのは、人間は「非地位財」と「地位財」を両方提示されたら、お金や地位といった、わかりやすい「地位財」のほうを選んでしまいがちなんです。

ほら、すごいお金持ちの男性と性格はいいけどお金はない男性、どちらを彼氏にしますか？と言ったら、お金持ちのほうがいいかも！って思ったりしませんか？（笑）

それは、人間の脳は目の前のことを優先させるようにできているんですから当然といえば当然なんですね。**地位財を選んでしまうあなたは悪くない**。

でもこの事実を知っていれば、「こっちは瞬間的な幸せで長続きしないから、そっちを選んだほうがいいのかも」という新たな判断基準ができたりします。

地位財と非地位財は使い分けも大切になってきたりもします。さらに詳しく知りたい場合は、『99・9％は幸せの素人』を読んでみてくださいね。

POINT

長続きする「非地位財」をまずは大切にしてみよう

なぜ、あのママはいつもブレないのか？

さあ、ここまで科学的にわかっている「幸せをつくる4つの要素」をみてきました。これからどう変わっていけば幸せになるのか、わかってきたのではないでしょうか？

今日帰ってからすぐにできるものもたくさんありましたね。

今日、最後に皆さんにやっていただきたい大切なワークがもうひとつあります。

それは、**「あなた自身の幸せの目的地」を設定することです**。自分が今、どの目的地に向かってすすんでいるかを明確にするワークです。

目的地だけでなく、「いつまでに」という日付も決めていきます。

皆さんの事前課題を見て思ったことは、漠然と「イライラしたくないな」

「もっと余裕を持ちたいな」と思っていても、**いつまでに、どこに向かっていけば理想の姿になるのか、ということまできちんと考えていない方が多い**な、ということです。

まあ、それは当然かもしれません。

そもそも、「自分の幸せって何だろう」「自分はどう生きたいんだろう」なんてふだんの生活で考えませんよね。とくに忙しい子育て中には。

でもだからこそ、この機会にじっくり考えてみましょう！

ちょっと旅行に行くときのことを考えてみてください。

東京駅から出発するとして、漠然と「北のほうに行きたい」と言ってもそれってどこ？ってなりますよね。埼玉でも、福島でも、北海道でもありえる。

飛行機に乗るときだってそう。**最初は同じ滑走路から飛び立っても、ハワイだったり、ロシアだったり、ベトナムだったり、と全く別の場所に行けるのは目的地がはっきりしているから**です。

もし目的地が決まっていなかったらどうでしょう？

飛び立った飛行機は空中で迷子になってしまう。**人生や子育ても同じ**です。

どのように変わるべきか、変わりたいのか、その目的地を決めておかないと、どこに向かって、いつ、どのように修正していいのかを決めることができない。

日付も決めるのは、夏休みの宿題と同じく、**期限が決まってないと実行しようと思わない**ですよね。

さて、まずは、これから自分がどうなっていきたいのか？という、自分が目指す目的地を設定してみましょう。

今回の神子育ての定義は、「ママの幸せ」ですから、まずは自分がどんな状態になったら幸せか？というのを、子育て以外のことでも考えてみます。**仕事、パートナーとの関係、周りとの人間関係など自分の人生すべてに関することでいい**です。まずは**心の声に正直になってノートなどに書いてみてください**。

- どんな時間を過ごしているとき幸せを感じるか
- どんな母親になりたいか
- どんな妻になりたいか
- 家族はどうなっていたいか
- 自分の収入はどれぐらい得たいか
- どんな仕事をしていたいか
- どこに住んでいたいか
- どんな人間関係をつくっていきたいか

できる、できないは別です。自分がこうなっているといいな、というものを書いてみてください。

POINT

ママがどうなりたいか？の目的地設定をしないと、子育ても人生も迷子になる

そうはいっても、急に言われてすぐに出てくる人は稀《まれ》かもしれませんね。
なので、目的地の考え方や書き方のコツを紹介していきます。
まず、考え方のコツです。思考を解放させて、ワクワクする未来を描いて。

1. 実現できるか、できないかは考えない

目標を書くとなると、どうしても「今の自分にはムリ」とか「こんな目標、実現するはずがない」とか「そんな時間はない」といったネガティブな思考が出がちです。とりあえず、**今現在の状況や、実現する・しないにとらわれずに自由に書くことが絶対条件**。

2. 設定した目的地は途中で何度変えてもOK

設定した目的地は今後変わっていくことも十分ありえる、という前提で考えましょう。前にもお話ししたように、目的を持ってチャレンジしていくことで幸せ感が高まります。極論すれば、**実現することより、設定することのほうが大事**なのです。

3．遠い未来から考えてみる

できれば5年後、3年後、1年後、半年後と遠い未来から順に考えていくのがおすすめ。

なぜ、5年後という遠い未来のことも考えるのか、というと、**1年後だと、たった1年では現実的に考えてこれくらいのことしか出来なさそう、そんなに大きく変わることなんてないな、と思ってしまうから**なんです。

しかし、5年もかければ自分の性格もこう変わっているかも、とか、子どもも成長して自分の時間を持てるようになるかも、と考えられるようになります。

ですから、**できそう、できなさそう、ではなく、こうなったらいいな！というぐらいの軽い気持ちで書いてみてください**。

次に書き方のコツです。これに気をつけると、より実現性が高まります。

1．「～したい」という願望として書くのではなく、「～した」「～している」という完了形や現在形で書く

「～したい」だと、脳はまだ達成されていないものとして認識します。**「～した」「～している」と書くと、脳は「これは現実なんだ」と錯覚して、理想を現実にぐっと引き寄せようとする**のです。

2. 達成したか、しなかったかがわかるような形で書く

できたのか、できなかったのかの進捗《しんちょく》がわからないとモチベーションは上がりません。**数値などを入れて、できるだけ具体的に書くことがコツ**です。

例 ×「幸せな家族でいる」→○「1年に1回は家族で旅行に行った」

3. 「否定語」(～しない)は使わずに書く

脳は否定語を認識しない、という特徴があります。逆に、「～しない」と書くとそのことがより強調され、思い出してしまうことがあります。そこで、**目的地設定には否定語を使わないほうがベター**。

例 ×「イライラしないママになった」→○「笑顔が穏やかなママになった」

では、書いてみましょう。

WORK

2 ママの幸せの目的地を決めるワーク

書いてみよう!

あなたは5年後、3年後、1年後、半年後、どんな自分になっていたいですか? ノートなどに以下のような形で日付を入れ、書いてみましょう。

5年後(　年　月　日)

3年後(　年　月　日)

1年後(　年　月　日)

半年後(　年　月　日)

参加者の例

5年後……看護と整理収納を掛け合わせた仕事が決まった。

3年後……整理収納アドバイザーの資格を取った。

1年後……1日1時間は自分の時間が取れている。子どもたちは学校であったことを毎日楽しく話してくれている。

半年後……身支度、化粧を済ませて朝ごはんを座ってたべている。

(Oさん　看護師　10歳女子、5歳男子、0歳女子のママ)


5年後……サロンを開いて、お客さんが絶えない人気店になっている。

3年後……体重が5キロ減って、20代のころの洋服が着れている。

1年後……お互いに成長し合える仲間に囲まれている。体重が3キロ減ってキープしている。

半年後……いつも笑顔だね、と言われることが多くなった。

(Hさん　介護福祉士　23歳男子、15歳男子のママ)

5年後……趣味のビーズフラワーが全国的に有名になり、全国各地にお店をオープンさせている。ウエディング業界とのコラボをしている。

3年後……ビーズフラワーの販売収入が本業を上回るようになり、会社を退職する。

1年後……インスタグラムにアップしたビーズフラワーの人気に火がつき、アレンジなどの注文がくるようになる。

半年後……ビーズフラワーの投稿をメインにしたインスタグラムのフォロワーが5000人を超えている。

（Oさん　会社員　14歳男子、10歳男子のママ）


5年後……子育ても落ち着き、子どもたちはそれぞれ夢中になれることを見つけている。私自身は地元で地域貢献に関する仕事が見つかり、経済的に自立できるようになった。

3年後……子育てに空いた時間を使ってボランティア活動を始める。PTAに参加し、子育てに関するセミナーを主催している。

1年後……子どもを認められるようになり、子どもを叱るのが1週間に1回ぐらいになっている。

半年後……褒め上手になっていて、家族で「ありがとう」をたくさん言い合えている。上の子の反抗期がおさまっている。

（Kさん　専業主婦　8歳男子、5歳男子のママ）

参加者の感想

- 最初はなかなか出てこなくてたいへんでした。星さんから「実現できるかどうかは考えなくていい」と言われて、だんだんいろいろ出てくるようになりました。
- 「ちょっと無理かな？」と思うことでも、実際に書いてみると、夢が現実のようになってきて、ワクワクしてきました。
- どうしても、家族のことや今の仕事のことを考えてしまって、自分が「本当に何をしたいのか」という感情にフタをしてしまっていることに気が付きました。

イライラするママは、自分がどうなりたいのか？がわかっていない

はい、皆さんおつかれさまでした。書いてみていかがでしたか？

皆さんだけでなく、誰もが自分のメンタルとか、子どもの行動、パートナーシップなどを改善したいな、と日々ぼんやり思っていても、「こうなりたい」としっかり明確にして生きている人ってごくごく一部なんです。

そういうことが明確になっていないとどうなるか。

表現はちょっとキツイかもしれないけれど、「場当たり的」な人生になってしまうんですね。場当たり的に毎日を過ごしていると、自分がいったいどこに向かって行動しているのかがわからなくなる。いったい私はなんのためにやっているの？　目的は何？ってなってくるんですね。

今、目の前で起こっていることへの対応がうやむやになって、とりあえず目の前に起きていることをやっつけよう、とする「モグラたたき」のような対応になってしまいます。

たとえモグラたたきだって、「あと100回叩《たた》き続けたら、ここに向かう」というのがはっきりわかっていれば、頑張って叩いていいと思う。でも、「とりあえずモグラが出てきたから叩きます!」という行動にはあまり目的も将来性もないと思いませんか?

これって先ほどの飛行機の話と同じです。目的地がわかっているから違う方向に飛び立っていっても航路を修正することができるし、もし、途中で積乱雲が出現しても、迷わずに迂回《うかい》もできる。**迂回してもなんで戻ってこれるか、って言ったらやはり目的地が明確だから**ですよね。

私の著書で14万部を超えてベストセラーになった『神メンタル 「心が強い人」の人生は思い通り』には、思いどおりに生きるための公式というものを紹介しました。

現実（未来）＝目的地×メンタル×手段

です。

皆さんの今の現実はこの公式の結果ですし、これから起こる未来もすべてこの公式で決まってしまうのです。

ポイントは掛け算であることで、どれかひとつでも0であると現実は変わりません。

いろいろ本も読んで勉強して手段も知っています、メンタルもバッチリです、といってもなかなか現実が変わらない……ということありますよね？

それは、この公式の中の目的地の部分がはっきりしてないからです。

POINT

ママが自分を変えるには自分の目的地設定から

この目的地を考えるワークは、本当は夫婦でいっしょに定期的にやるのが理想です。

一緒に住んでいても、お互いが考えていることってどんどんズレてきますし、ましてお互いの夢なんてきちんと話し合わない限り知ることができません。ワークにしてしまえば恥ずかしくないはず。

何より、**子育て中であれば、夫婦の価値観や方向性をすり合わせておくことって大事**じゃないですか？

実は私は、妻と結婚前から毎月1回の「MTG（ミーティング）」をやっているんです。お互いどうなりたいかを話し、そのためにはどうしていけばいいか意見を言い合い、最後はお互いへの感謝の言葉で締める。

ご飯を食べながらではなく、ちゃんとお互い時間をつくってやります。これはもう私たちの生活の中に根付いている感じですね（227ページ参照）。

これ、皆さんにも熱烈におススメします！

Day 1 まとめ

「神子育て」とは「ママが幸せになること」である。

「子どもの言動」と「自分の機嫌」は別と考える。

幸福度の高いママは「やってみよう」「ありがとう」「なんとかなる」「ありのまま」を持っている。

「今自分がどこを目指しているのか？」を明確にすることから全てが始まる。

Day1からDay2までの
星さんから参加者への宿題

- 「神子育て＝ママが幸せになる」を実践するために、１日１回自分の機嫌が良くなることを毎日する。

- 「『ありがとう』が言えるママは幸福度が高い」に基づき、今日感謝できることを次回の講座までに毎日5つ書き出す。

※講座参加者は3～4人のLINEグループをつくり、毎日上記ふたつの課題をLINEグループに1日1人ずつ、交代で報告する形で取り組みました。

「神子育て実践講座」には13名が参加した。
参加者には事前アンケートとして、
・自分と家族について
・子育ての悩み、相談したいこと
・理想とするママ像は？
・自分で自分のことをどんな人だと思っているか
・子育てに関して本当は周りに知ってもらいたいこと
・子どもにどのように育ってもらいたいか
を答えてもらった

Day 2

子育ては「メンタル」が９割

ママが未来を変えるために必要なモノとは？

皆さんこんにちは。

1回目の講座から2週間経ちました。
どうでしょうか？　ご自身の「機嫌が良くなること」に時間を使えていますか？　幸せの目的地は書きましたか？
これは一度決めたことが変わっていってもぜんぜんOKです。とにかく**まずは時間をつくってしっかり考えて、書き出してみることが大事**です。

さあ、もう一度思いどおりになる公式の復習です。思いどおりに生きるための公式はなんでしたっけ？　はい、どうぞ。

（参加者）「目的地×メンタル×手段」です。

はい、正解です。前回は、この中の「目的地」の設定の仕方をやりました。では、この思いどおりに生きる公式の中で「もっとも重要ではないもの」はどれだと思いますか？

（参加者）手段？

そう、「手段」です。そもそも「手段」は、目的地がはっきり決まらなければ「手段」は探すことも、決めることもできないからです。そして、目的地がきちんと決まれば手段も自然に見つかってくるものだからです。だから今はさほど気にしなくて大丈夫です。それではいちばん大事なものは何でしょうか？

（参加者）メンタル？

そうです！　やはりメンタルなんです。

今までは、自分がどんなママになりたいのか?という「目的地」の話をしてきましたが、ここからは「メンタル」の話をしていきます。

目指す目的地がわかっていても、メンタルが整っていないと、結局は実行できないんですね。つまり、メンタルって飛行機の燃料みたいなものなんです。目的地がわかっていても、燃料がないと飛行機が飛ばないのと同じです。

メンタルというのは、「自己評価」とも言い換えることができます。

自己評価というのは、自分で自分のことをどういう人かと思っているか。これがメンタルの正体です。じゃあどうして、自己評価が燃料になるのか、という話をしますね。

POINT

ママが幸せになるためのメンタルとは、自己評価である

子どもの可能性を奪う「カラーバス効果」

少し話が逸《そ》れますが、私たちが日常で情報をどう拾っているか、皆さんご存じでしょうか。私たちは五感で１秒間に約２千個もの情報を察知しているといわれています。

明るい、何か音が聞こえるとか、何かに触れている、とか。

イメージとしては毎秒２千個のピンポン球が体に飛んできているような状態なんです。**しかし全ての情報は認識できないから、この情報は重要、というものを脳が指令を出して察知し、受け取れるピンポン球は2千個のうちわずか8~16個**といわれています。

例えば、私が「皆さんは今、椅子に座っていますね」と言うと、急に椅子に座っている感覚を意識しますよね。でも、私が言うまでは、「座っている」という感覚はなかったはずです。なぜかというと、その情報は重要ではないから、2千個の中の8〜16個の情報の中にチョイスされていなかったのです。

でも**今話題になったから認識する**。

これ、当たり前のことのようですが、実は恐ろしい事実でもあるんです。というのも、自分の前には2千個もの情報がきているのに、**脳が勝手に「いる情報」「いらない情報」を選別してしまっているんです。**

もしかしたら、「いらない情報」に入ってしまったものの中で今の自分が本当に欲しい情報、なりたい自分になるための情報があったかもしれない。でも脳が指令を出さないとそれを取ることができない。

皆さん、**「カラーバス効果」**という言葉って知っていますか?

例えば、「赤いもの」を探しているときは目の前にある「青いもの」は目に入りづらくなる、という現象のことです。逆に「青いもの」を探しているときは「赤いもの」は目に入りづらい。

このように、**自分の身の回りの情報の取捨選択は簡単に自分自身の脳によっ**

て操作されてしまう、ということなんです。

「思い込み」もそうですね。人間は自分が正しいと思っていることがもっとも重要な情報と判断するので、それを裏付ける情報しか受け取らなくなっちゃうんです。

例えば、「うちの子はこうだから」「男の子だから」「女の子だから」という特定の思い込みを持っていると、そうでないことを子どもが言ったりやったりしていても、親はその情報をキャッチすることができない。

これってすごく残念じゃないですか？　親の思い込みによって、子どもが本来もっているいいものを察知できなくなっていたりする可能性もあるのです。

POINT

「うちの子はこういう子」と思い込んでいると子どもの可能性を見失う

脳を味方につけないと子育ては攻略できない

これは自分自身でもそうです。

「私は周りから嫌われる人」と思っていると、脳はその情報が正しいと判断し、「よし、この人は自分が嫌われていると思っているらしいから、どんどん嫌われている情報をチョイスしよう」となる。

すると、本当は周囲からいいことも言ってもらっているのに、周りからの悪口しか耳に入ってこなくなる。

「私ってイライラしやすい人」って思っていると、脳は「この人はイライラする人です」と判断し、イライラしたくなることばかりが目につくようになる。

この状況を変えるためには、脳が受け取る情報を変えないといけない。

では、その**受け取る情報はどういう基準で選んでいるかというと、それが自**

己評価、つまり「自分のことをどういう人間と思っているか（＝セルフイメージ）」なのです。脳が受け取る情報は自己評価に基づいているので、皆さん自身が自分で自分の評価を変えないといけない。

それを変えることで、あなたが理想とする幸せなママの姿に到達するために必要な情報（＝手段）が目に入ってくるようになるのです。

これが、メンタルが目的地にたどり着くために最も重要である理由です。
今回、神子育ての定義をママの幸せとしましたよね。
つまり自分の幸せを手に入れるためには、まずは自分のセルフイメージを更新しましょう！ということになるのです。

POINT

セルフイメージを変えることで子育ても変わる

日本のママが未来を描けない理由

前回、5年後、3年後、1年後、半年後の未来の自分を書いてもらいましたが、すぐに書けた人はほとんどいなかったと思います。

なぜか。

毎日忙しくて考える暇がない、というのももちろんあると思いますが、**今の日本の世の中はすでに満たされている状態だから、ということもあります。**

満たされているというのは、豊かっていうことではなくて、一応ふつうに生活できているってこと。つまり、**理想の生活と現実にあまりギャップを感じない時代になってしまった。**

例えば戦後の高度成長社会のときは3種の神器というのがありましたよね。

テレビ、冷蔵庫、洗濯機。それを持っている人は周りから羨望《せんぼう》の眼差しを受けた。自分は今持ってないけど、いつかは持ってみたい。そんな生活をしてみたい。これがギャップ。

人はギャップがあると頑張れる生き物なんです。それを埋めようと努力するから、変化が生まれる。

今はふつうに生活していると、あこがれの生活はあるかもしれないけれど、「これが絶対に欲しい」「これがない今の生活は嫌だ」という強烈なギャップを感じることはあまりない。**ギャップが見つけにくい時代**なんです。**ギャップが見つけにくい時代になると、未来を描かなくなる。**

POINT

今の自分を変えたいなら、意識的に理想とのギャップを生み出そう

未来を描かなくなると、結局現実のままで継続する、つまり変化のない毎日になってしまう。

ですから、一人の女性としてどうなりたいかを真剣に考えて、現実となりたい未来の間にギャップを意識的に生み出していかないと、今よりいい状態に変化していくことが難しい時代なのです。

つまり、「自分を変えること」とはいい意味で現実と未来のギャップを感じることです。

それではどうやってギャップを生み出すか。

私のいちばんのおススメは、**理想の世界を一度体験してしまう、ということです。**

もちろん、未来の目標が「海外に住むこと」なら、実際にその土地に行ってみる、というように**リアルに体験することがいちばん強力**です。

「未来の自分」を体験するスゴイ方法

とはいえ、すべての目標を今、実際に体験するのは難しいですよね。

そこで、**おススメは、理想とする自分になぜなることができたのか?というインタビューを受けること**です。未来の自分になったつもりでインタビューを受け、その世界を体験するのです。

何のインタビューを受けるかというと、前回の目標地の設定のところで「1年後の自分」というのを書きましたよね。そのインタビューを受ける、という設定にします。

「なんで1年で変わることができたんですか?」とインタビュアーが聞きます。それに1年後の姿で皆さん答えるんです。**「今」の皆さんじゃなくて「1年後」の皆さんで答えるのがポイント**です。

例えば、「1年後の自分」のところに、「いつも笑顔で過ごせるようになった」と書いていたとします。そしたら、「いつもイライラしていたあなたがなぜ1年で劇的に変化したのか?」というインタビューを受ける、という設定にします。

未来の自分だったらなんて答えるのかな?と想像し、変化した自分になりきって答えます。

例えば、こんなふうに。

「そうですね、最初はちょっと苦労しました。まあでもひとつきっかけがあったんですけど、それを続けるのが大事ですね」みたいな。

一度未来を体験すると、日常に戻ったときに、イラッとすることが起きたとしても、脳が「インタビューで自分が言ったこと」を覚えているのです。

そうすると今までだったら感情的にイライラした言葉をポーンと出していたとしても、ちょっと冷静に対応することができるんです。

これが、理想と現実のギャップを作り出す体験です。ギャップがあると、脳はそれを埋めようとする。つまり自然と行動が変わるんですね。

これは「インタビューワーク」と言います。

このインタビューワーク、私が経営者のコンサルをやるときも絶対やるものなんです。最初は皆さん言うのをためらったり、恥ずかしがったりしていますが、**やっていくうちに未来の自分で生きるのがだんだん楽しくなってきます**。

インタビューを受ける側は、何を聞かれても「わかりません」というのはなし。なぜならもう実現できている人なので。

これは**実はインタビューする側が重要なんですね。たくさん聞いてあげる**。そして「えー、そうなんですか」「それはすごい！」などオーバーリアクションで相手を喜ばせるのが重要。相手の自己受容感を満たしてあげてください。**インタビューを受ける側は成功者として自信を持って語ってください**。5分たったらインタビュアーは最後の質問を言います。

「1年前のあなたと同じようにこれから変わりたい、頑張ろうと思っているママにひとことアドバイスをお願いします」と。

インタビューを受ける側は「これぞ」というメッセージを答えてください。

WORK

3 未来で生きるインタビューワーク

二人一組になり、インタビューを受ける側とインタビューをする側に分かれます。54ページの目的地を設定するワークで書いた「1年後の自分」になった前提で、そのとき自分は何をしているか、何を考えているかを答えます。
(一人でやる場合は、一人二役になり、鏡の前でやってみましょう)

インタビュー例

- 「なぜ1年で変わることができたんですか?」
- 「どんなところが大変でしたか?」
- 「今はどんな気持ちですか?」
- 「お子さんやパートナーはどんなふうに変わりましたか?」

(最後の質問)

- 「これから変わっていこうという人たちにアドバイスをお願いします」

参加者の感想

- 最初は恥ずかしかったのですが、しゃべっているうちに、だんだん本当のようになってきて気持ちよくなってきました。
- 自分がこれからとるべき行動が自分の口から出てきて、「こうやればいいのか!」とハッとしました。
- 受験生の息子と、第一志望に合格した前提でやってみました。苦手克服の方法を自分で言うようになって、私自身ビックリ!　息子はその後、無事第一志望に合格しました!

過去ではなく、未来を生きる

皆さん、インタビューワークはいかがでしたか?
単にインタビューを受けるのではなく、「未来の自分になって答える」というところが新鮮な体験だったと思います。

理想はですね、**このインタビューワークを毎日ご主人とやるといい。お互いの理想とする1年後の姿を共有することができるし、お互いインタビューし合うのもいいコミュニケーションになります。**

お子さんとやるのもおススメです。例えば、今お子さんが小学校1年生なら、「2年生になったとき、○○ちゃんはどんなふうになっていたいかな?」と言っていくつか考えさせます。そして2年生になった設定にして、どうしてそうなれたのか、今どんな気持ちか、お母さんがいろいろインタビューしてあげるのです。お子さんは楽しんでやってくれると思いますよ。

これ、**毎日やって、「どっちが本当の自分だっけ?」とわからなくなるぐらいになるのが理想**です。

このインタビューワークはひとりでもできます。鏡に向かってやるんです。人の脳では鏡の中の物体は別のものとして認識されるので、鏡の向こうの相手から質問を受けている、というふうに認識します。

なのでひとりでやるときは鏡に向かって質問し、自分で答えればOK。ただし、ひとりでやるときは周りに人がいないのを確認してやったほうがいいですね(笑)。

POINT

未来の自分を体験したママから子どもが変わる

選択と行動が変わる＝未来が変わる

私がどんな講座でもお伝えしている言葉があるんです。
それは**「未来の自分で生きろ」ということ**です。

未来の自分で生きる、っていうのはどういうことかというと、まさにインタビューを受けていた自分で日常を過ごしましょう、ということです。この**インタビューワークは、結局は未来の自分で生きるためのトレーニング**です。

つまり、当たり前のことを言いますけど、皆さんの人生を変えるためには、いつもやっていることの選択を変えないといけないんですね。

つまり、いつもAという選択をしていたら、Aという結果になる。でもBという結果を得たいのであればBという選択をしなければならない。

でもAの選択をするのが当たり前という自分でBという選択をしよう、となると脳はストレスを感じます。なぜかというと、脳は「変化を嫌う」からなんですね。

ですから、選択肢を変えようとするのではなく、Bという選択をするのが当たり前の自分に変わってしまったほうが楽なんです。

わかりやすい例を出してみましょう。

例えば、「私は怒りっぽい」という自己評価の人が、「子どもが何をしても怒らない」という、いつもと違う選択をしようとするのは難しいし、ストレスがかかります。

それなら、「私は怒らない人間だ」と自己評価を変えてしまったほうが、子どもが何をしても怒らないという選択肢を選ぶのは楽になるということです。

無理やりいつもと違う選択肢を選ぶことを頑張るのではなく、根本となっている自己評価を変えたほうが楽なのです。

ママのひと言が子どもの将来を決めてしまう理由

もう少しママの幸せや子育てでの行動に影響してくる「自己評価」について考えていきましょう。

先ほど皆さんはインタビューワークによって未来の自分を体験しました。これは今の自己評価を変えるワークでもありました。ここで皆さんに考えてもらいたいのは、そもそも自己評価ってどうやってつくられたのか?ということです。

ちょっとグループで相談して考えてください。3人のグループで1分間考えてみてください。ではグループの代表者に答えてもらいましょう!

（参加者）●周りからの「こうあるべき」という期待

●過去の自分が選択してきたもの、経験してきたもの

●育てられた親の環境

皆さんのご意見、だいたい合っています。結局、今皆さんが持っている自己評価というのは過去の出来事から形成されているんです。

今回の神子育ての定義はママの皆さんが幸せになる、というのが第一の目標なんですけど、これ、冷静に考えてみると子どもにもダイレクトに応用できると思いませんか？

「自己評価」は思いどおりに生きる公式の「メンタル」につながっていて、しかもこれがいちばん重要である。

そして自己評価は過去の出来事からつくられる……。

そう、まさに、お子さんは今、自己評価をつくっている最中なんです！

いつもガミガミ言われ続けていて、「あなたはダメな子ね」「だらしないわね」と言われ続けてきた子と、「がんばってるね」「いい性格してるね」と言われ続けてきた子、どちらが自己評価が高い大人になるか……もう言うまでもないですね。

だから皆さんが意識していくことは自分自身の自己評価をどうしたら変えら

れるか、と考えると同時に、自分のお子さんの自己評価もいいものに育てていく、ということなのです。

私自身の話をすると、私は「がんばってやれば何事も達成できる」という自己評価を持っています。それはどうしてだろう?って考えていくと、小さいころ、親に一度も否定されたことがなかった、というのが大きいと思うんです。

成績だって体育以外はそんなによくありませんでしたが(笑)、とにかく否定されなかった。

否定されないで育てられたからこそ、新しいことをやるときでも「自分には無理かな」と思わずに「絶対できる」と思えるようになったのだと思います。

今思うとありがたいことでしたね。

POINT

子どもの自己評価は親からの言葉でつくられる

すべては過去の記憶を変えることから始まる

私たちや子どもたちの行動って、生まれ持った性格に左右されるものと思われがちですが、基本的にはすべて過去の記憶がベースになっているんです。その記憶を基に私たちはだいたい選択と行動をしている。

記憶の中でも情動記憶、とくに強い感情を伴った記憶を基にして動いています。

例えば、犬を見て怖いと思う人もいれば、かわいいと思う人もいますよね。怖い、と思う人は小さいころに怖い目にあったことがある可能性が高い。その記憶がよみがえって今でも犬を見ると怖いと思ってしまう。つまり、犬が怖いという過去の記憶に基づいた選択と行動を変えたいのなら、過去の記憶を変えないといけない。

でも、記憶を変えることなんてできるかしら?と思いますよね。

選択と行動から生まれるのは未来だと、多くの人は思っています。

しかし、先ほど、私はどんな自分で生きろと言いましたっけ?

そう。「未来の自分で生きろ」と言いましたよね。なぜか?

先ほどの話からわかるように、**普通の人は過去の記憶を基にして「今」を生きている。過去の記憶を参考にして今を生きているのなら、今は言い換えれば過去のまま**です。

全ての選択と行動は記憶が基になっている

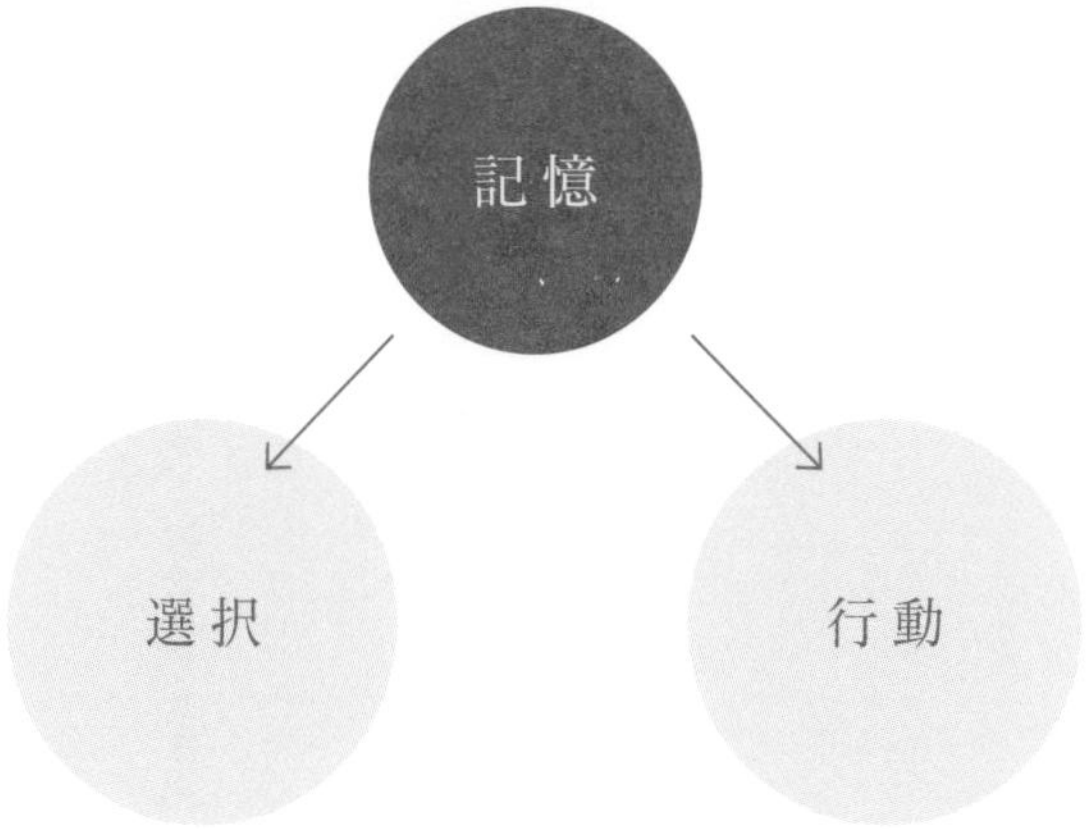

そして、自分たちが思っている未来も「今」を積み重ねた先にあるものなら、未来も過去と何も変わらないとも言えます。

過去の自分の記憶を参考に、今の選択と行動を決めていては、いつまでたっても未来は変わらないのです。

今、あなたがしている選択と行動は過去の自分を参考にしているからです。

ママを邪魔する「ドリームキラー」はやはり存在する

過去の記憶に基づいて、現在の選択と行動をしている例はまだあります。

皆さんは「ドリームキラー」って聞いたことありますか？ あなたの夢や目標達成を邪魔したり阻害したりする人です。

ドリームキラーの特徴は、あくまで自分の過去の記憶から選択、行動を促そうとします。 例えば学校の進路指導なんて顕著ですよね。

学校では、比較的多くの先生が過去の記憶に基づいて選択と行動を促します。この子はテストで何位だったとか、○○部に入っていたとか。

先生の過去の記憶をベースにこういうふうに選択と行動をしたほうがいいよ、と生徒にアドバイスしている。

だからその先生が想像できる範囲内の未来しか提示できない。

もちろんすべての先生がそうじゃないかもしれないですけど、本当はその子のなりたい姿や可能性について勉強して、提案してくれるのが理想ですよね。

学校の先生に限らず、あなたの周りにもドリームキラー、いませんか？

「今までこうだったからあなたにはムリ」「母親はそんなことをやる必要ない」「そんな成功した話は聞いたことがない」などと過去の記憶を押しつける人。

皆さんは、**基本的にドリームキラーの言うことは信じる必要はないです。**

「この人は自分の記憶に基づいてアドバイスしているんだな」と思ってやりすごせばいい。

私も人の意見を参考にするときは、私が見えていない未来を見ている人のアドバイスを聞くようにしています。

POINT

他人の狭い過去の記憶からのアドバイスは気にする必要なし

「なりたい姿」は自分の中にある

だんだんイメージできてきましたか?

未来の自分で生きるということは、過去の記憶を自分のなりたい未来と入れ替えないといけない。そうしないと、選択と行動が変わっていかない。

その際、過去の記憶を押しつけるドリームキラーからのアドバイスは無視することが大切。

未来の記憶を自分の中に根付かせてあげて、未来記憶に基づいた選択と行動をしたら、結果も絶対に変わっていきます。

あとはどうやって未来の記憶を入れてあげればいいか、ですね。

これこそインタビューワークなんですね。未来の自分にインタビューして、「私はこういうことを言った」という記憶をたくさんつくることが大事なんです。それが情動記憶です。

記憶を未来のものにすりかえて、それに基づいた選択、行動をする、というのは未来の自分をモデリングしている、ということなんですね。

皆さん、モデリングって聞いたことありますか？

参考にしたり、まねをしてみたりすること。その対象となる人のことをロールモデル、と言ったりします。

ふつう、ロールモデルをつくるというと、理想の人をまねる、ということをイメージしますよね。

今はインスタなどSNSをやっている人も多いので、簡単に他人の生活を見ることができますし、「あの人すごいな」「いいな」「あんなふうになりたいな」と思うこともあると思います。

私も昔は他人をロールモデルにして行動しよう、と思ったことがありました。でもそれをやっていたら、だんだん苦しくなってきちゃったんですね。本当はそんなことをやるキャラじゃないのに、ムリをしようとするからひずみができて、結局は続かなかった。

ですから理想は、他の誰かをモデリングするのではなく、自分の中にできた未来の自分をモデリングするのがもっともムリがないと思いませんか？

他の誰かになろうとしてはダメ。比較対象は他人ではなく未来の自分です。

POINT

ママが幸せになるなら他人のマネはNG

自分を変えるのに不可欠な「2つの現実」

さて、「未来の自分で生きる」と、過去の記憶に頼らないで選択と行動ができるようになることが少しずつ理解できてきたでしょうか?

そして、ここでもうひとつ、過去の記憶に頼らないで、ママが幸せになるために未来の記憶で生きる方法があるんです。

これを考えるためには、**私たちはふたつの現実で生きている、っていうことを知らないといけない。どういう現実かというと、「内側の現実」と「外側の現実」です**。

内側の現実というのは自己評価のことです。そして外側の現実というのは現状。今、皆さんが置かれている状況です。

で、基本的にはふたつの現実って言っているんですけど、**私たちの脳という**

のは、**内側の現実と外側の現実にギャップがあると、これを一致させようと全力を尽くします。**それも、**より「リアリティのあるほう」に寄せようとする**んですね。

夢を実現させるのが上手な人はこの脳の仕組みを使うのがうまいんです。

ほら、自分を変化させるために、環境を変えてしまう、という話を聞いたことはないですか？付き合う人を変えるとか、住む場所を変えるとか。仕事を変える、

人間はふたつの現実で生きている

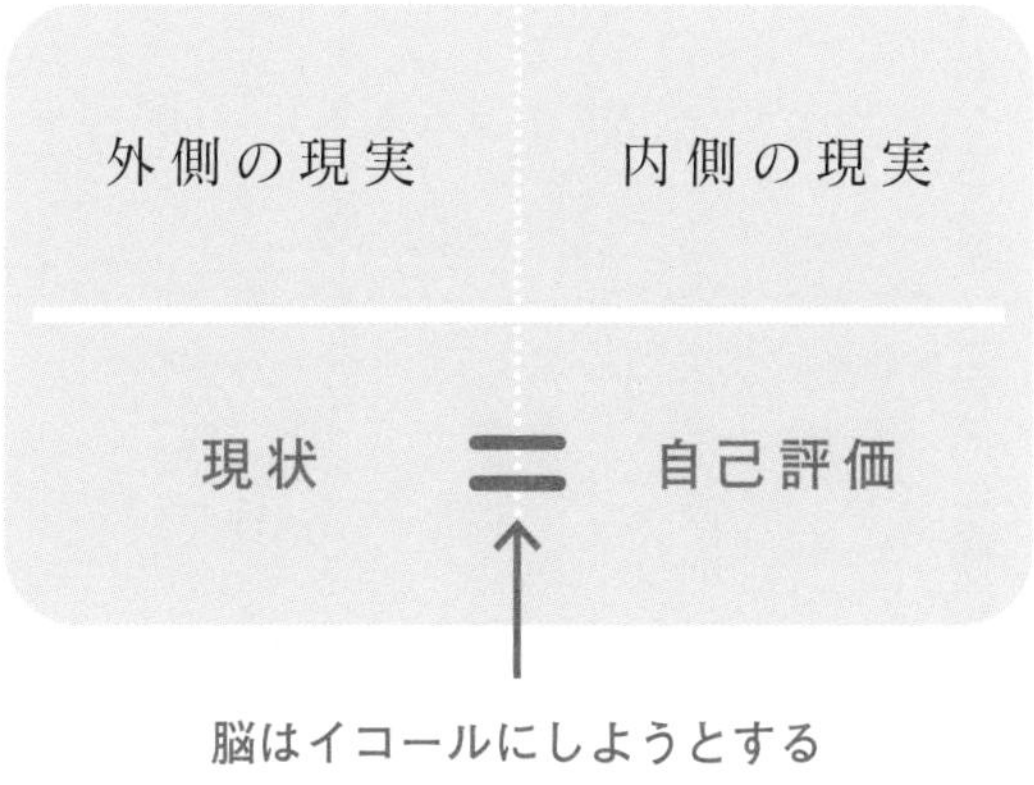

というのもあるかもしれない。あれは、外側の現実を変えて、内側の現実とのギャップをつくっているんですね。

私の場合、会社員を辞めて起業したばかりのとき、「これから本当にやっていけるのかな?」という不安も実はあったんです。そのとき、心理学をすでに勉強していましたら、思い切って古いアパートを出て、自分が家賃を払えるギリギリ上限の広いタワーマンションに引っ越ししたんですね。

現状では、まだ自分はそんなところに住めないという認識がある。でも現実には毎月何十万家賃を払わなければならない、となると現状（外側の現実）のほうがリアリティが高いですよね。

だから自己評価、内側の現実をこっちに合わせるように自然に動いていく。「ここに住めるだけの自分になる」と自己評価が変わり、日々の選択と行動が変わっていった。

つまり**外側の現実を変えると内側の現実（自己評価）が変わって、結果的に、未来も変わっていく。**このことは、私自身、身をもって体験したことです。

もし皆さんが「笑顔の多いママ」という自己評価を持っていたとします（内側の現実）。でも実際にはワンオペ状態で毎日てんてこまい、という生活をしている（外側の現実）。

そうなると、やはり外側の現実のほうがリアリティが強いのでそちらに引っ張られてしまう。

だとしたら、ご両親だったり、家政婦さんとかシッターさんとかをできるだけお願いしてムリやりでも時間の余白をつくり、笑顔のママでいられる「外側の現実」をつくり上げてしまったほうが、内側の現実（自己評価）を変える早道となる。

これが、環境を変えるのは最強であるという理由でもあります。

そうはいっても、子育て中は環境を変えるのが難しい場合もあるでしょう。その場合は、インタビューワークを何度も行って、未来を体験し、自己評価を変えていくのがいいでしょう。

インタビューワークは内側の現実である自己評価を変えてくれるのと同時に、インタビューを受けているときは、理想を実現した人としてインタビューを受けるので、ワーク中は外側の現実も変わることになります。

皆さんの状況に合わせて、やりやすいことからやればいいと思います。

もう一度言いますが、脳はよりリアリティがあるほうに引き寄せようとします。リアリティという言葉は、「体験する」という言葉に言い換えられます。頭の中でぼんやり思っているだけでは、結局は現実は変わりません。

新しい環境をつくり、新しい体験をすることで、「こんな自己評価は嫌だ！」となって自己評価（内側の現実）を変えていくか。

もしくは、自己評価が上がるような体験をし、それに見合うように現状（外側の現実）を徐々に変えていくか。

どちらも、脳が内側の現実と外側の現実を一致させようとして動くメカニズムです。このメカニズムを知れば、面白いほど自分の人生を変えることができます！　大事なのは、過去の記憶で生きるのではなく、未来の自分で生きることです。

POINT

今の自分を変えたいなら、未来の自分で生きよう

今日は最後にもう一度「インタビューワーク」をやって終わりにしたいと思います。

インタビューワークは何回もやることによって話す内容もどんどん変わってくるし、深まってきますよね。それがリアリティが高まる、ということです。

では、やってみましょう！

Day

2

まとめ

- 子育てはメンタル（自己評価）の影響を受ける。
- 「うちの子はこういう子」が子どもの可能性を奪う（カラーバス効果）。
- 自分を変えたいのなら理想と現実のギャップを生み出せ。
- ママのひと言が子どもの記憶と自己評価をつくることになる。
- 選択と行動は過去の記憶を基に行われる。
- 他人のマネをするのではなく、理想とする自分のマネをする。

Day2からDay3までの 星さんから参加者への宿題

- 1日1日を「未来の自分」、1年後の自分ならどうするか？と考えながら、発言、行動をして過ごしてください。そして、毎日「未来の自分」で生きたら、こんなことが変わった、こんな対応ができた、こういうことを感じるようになった、と書き出してください。

※講座参加者は前回と同じ3～4人のLINEグループをつくり、毎日交代で報告する形で取り組みました。

memo

Day 3

科学的に「イライラママ」から脱却する

イライラの原因は「自分の言葉」という真実

前回は「未来の自分で生きる」ことで毎日の選択と行動が変わり、自分自身が変わっていくよ、という話をしました。

どうですか？　皆さん、未来の自分で生きられるようになりましたか？

いろいろ知識を得たと思いますが、一度に全部できなくてもいいんです。

大切なのは、ひとつでもいいから実践してみること。

そして、「できなかったこと」でなく、「できたこと」に注目していくのがコツです。

今日は、感情のコントロールです。

とくに、皆さんの悩みで多かった、「イライラ」「怒り」をコントロールしていく方法をお伝えします。

「イライラをコントロールできるようになるの？」と思うかもしれませんが、実はいろいろあるので、楽しみにしていてください。

その前に復習です。

神子育ての定義は何でしたでしょうか？

そうですね、**「ママの幸せ」**です。

1回目の講座では、「幸せの目的地」を設定し、それに向かって生きることで、「幸せの4つの要素」のうちのひとつ、「やってみよう因子」が満たされ、幸せ度が増していく、ということをやりました。

「やってみよう」「チャレンジしよう」のようなポジティブな気持ちを増やしていくことは、幸福度を高める重要なファクターなのですが、イライラをコントロールするために絶対に必要な「幸せの要素」は何だと思いますか？
「幸せの4つの要素」のうちの4つめを思い出してください。

「ありのままに」因子です。これは、「自己受容」という言葉に言い換えることもできます。

無条件に自分のことを受け入れ、認めてあげる、っていうことですね。
「自分のことが好きですか？」「自分を認めていますか？」と聞かれて、「100%好きです、認めています」と答えられる人は少ないかもしれません。とくに**真面目なママほど自分自身に厳しくなりがち**です。

でも、イライラをコントロールして幸福になるために避けて通れないのが「自分を好きになる」というステップです。そのために**まず必要なのが、「自分を許し」、「自己受容」すること**です。

これから「イライラ」「怒り」をコントロールしていく方法をやっていきま

すが、**大前提としてイライラはなくなりません**。だから、イライラを消そうとしないでください。むしろ、**「イライラしてしまう私は悪くない」ということを常に思っておいてください**。これ、とっても重要です。

POINT

「イライラしていい」と自分に許可を出したママから感情コントロールができる

さて、いよいよ感情の話です。

嬉しいとか、楽しいとか、イライラするとか。その感情の源になっているものってふたつあるんです。**ひとつは今までお話ししてきた「記憶」**です。

過去にこういうことがあって嬉しかった、こういうことがあってイラッとした、などの記憶。

でも記憶以外に皆さんの感情をつくっているものがあります。さて、それはなんでしょう?

実は、感情が生まれるひとつ前にはピクチャー（映像）があります。そのピクチャーがトリガー（きっかけ）になって感情が出るんです。

ピクチャー（映像）というのは、頭の中で思い浮かべる場面のことです。
また、言葉には必ず、思い浮かべる映像（ピクチャー）がくっついています。
例えば、「イケメン」と言ったら、木村拓哉さんを思い浮かべる人もいれば、福山雅治さんを頭の中で思い浮かべる人もいると思います。それが、ピクチャー。映像です。

そして、人は言葉を発するのと同時に、その言葉にくっついてる映像（ピクチャー）を無意識に頭の中に浮かべ、その映像を頭の中で見て、感情が生まれます。目の前の映像だけではなく、頭の中で思い浮かんだ映像も、人は認識してその映像から感じる感情が生まれるのです。

皆さんにはこんな経験がありませんか？

- 食事中子どもが飲み物をこぼした
- 子どもがソファでダラダラ動画を見ている
- 台所に汚れた食器が積まれている

そんな映像を目の前で見たら、一瞬でイライラする感情が沸き上がるのは当然です。でも、その映像を「イライラしないもの」に変換することができるのです。

どうすればいいと思いますか？

大事なのは、「言葉」です。どんな言葉を使うかで、頭の中に思い浮かべる映像（ピクチャー）が変わることに気がついたでしょうか？

例えを出すと、東京という言葉を言うと、東京タワーが頭の中に浮かぶけど、これを沖縄という言葉に変えると、頭の中には、シーサーや青い海と、東京で連想したものとは違うものが思い浮かびますよね？

これと同じように、

「何やってるの！」「ムカつく」「信じられない」

などマイナスの言葉を使うと、その言葉に関する過去のイラッとした場面が思い浮かんでしまい、それを頭の中で見てしまうことで、さらにイライラという感情が膨らんでしまいます。

もし、

「大丈夫！」「元気だね」「いいね！」

などプラスの言葉を思い浮かべたらどうでしょう？　出てくる映像や感情も少し変わってきませんか？

ふだん、自分の感情がどこから出てくるかなんてあまり考えないと思うので、最初はピンとこないかもしれません。

でも、言葉によって見える映像は違ってくる、ということを知っておいてください。順番としてはこうです。

ワード→ピクチャー→エモーション

感情は言葉によってある程度コントロールできるのです。

「ムカつく」という言葉を多用している人がいつも不機嫌だったり、イライラしているのは当たり前のこと。

マイナスの言葉に感情が支配されてしまっているからです。

反対に、「ラッキー」「いいね！」「嬉しい」「面白い」などポジティブな言葉を多用している人はなぜだかいつも笑顔だったりしますよね。

言葉と感情は密接にリンクしているのです。

POINT

言葉をコントロールすると、イライラもコントロールできる

言葉は私たちが考えている以上に重要だ

改めて、子育てだけに限らず、自分をイライラさせてしまっている言葉って何でしょうか？

「ムカつく」「バカじゃない」「いいかげんにして！」「早くして」などですね。それを言ってしまうと、**それに合わせた映像が頭の中にたくさん出てきてしまってマイナスの感情が2倍に**なってしまう。

もちろん、瞬間的に出てくる感情もありますが。

私の場合、相手から嫌なことを言われてイラッとしたら、「ありがとう」とか「ツイてる」って心の中で瞬間的に言うと決めちゃっているんですよ。

これはもうルール化してしまっている。そうするとイライラは2倍増しにはならない。頭の中に出る映像がガラッと変わるんです。

だから皆さんもイラッとしちゃうときは、まずは言葉でコントロールするのがいいです。この言葉はセルフトーク（心の中の言葉）も含まれます。

イラッとしたらセルフトークを変える。これ、いろいろ応用できますよ。とくに**自分のイライラポイントを押さえておけば、あらかじめ変換のセルフトークを用意しておくことができます**。

実は私、かなり時間厳守の男で、約束した時間の5分前には着いていたい人間なんです。だから、昔、お付き合いしていた人が時間にルーズだったりすると、ふつうにイラッとしていました。

だけどこの法則を知ってからは、相手から「遅れそう」と連絡が入ったら、もう反射的に「いいよ、ゆっくりきて」って返すようにしました。そうすると自然にイライラも収まるんですよ。なんかオレ、大らかだな、って（笑）。

ここでワークです。**皆さんがふだん子育てで使ってしまっている言葉でこれはやめたいな、というのを挙げてみてください。そしてそれはどんな言葉に言い換えられるか**考えてみてください。

WORK

4「言いたくない言葉」言い換えワーク

書いてみよう!

お子さんに対して本当は使いたくない言葉は何ですか？ どんな言葉に変換できそうですか？ ノートなどに書いてみましょう。

使いたくない言葉 → 変換 →

参加者の例

急かす言葉	変換
「早くしなさい！」 →	「今何する時間だっけ？」
「なんでやらないの？」 →	「これができたらどうなるかな？」
「急いで！」 →	「大丈夫！　まだ間に合う！」
「宿題やって！」 →	「今日は宿題あった？」
「まだやってないの？」 →	「何ができたかな？」
「早く寝なさい！」 →	「何時に寝るか決めた？」
責める言葉	
「もう！（やらないんだから！）」 →	「よし！（やってみよう）」
「話聞いてる？」 →	「ママの話聞いて！」
「うるさい！」 →	「元気だね」
「約束したでしょ！」 →	「どんな約束したっけ？」
「何で片付けないの？」 →	「スッキリすると気持ちいいよ！」
「いつまで見てるの？」 →	「そうやって見ているけど、いつかはやる子だよね！」
そのほか	
「もう！　バカ」 →	「すごい！　天才！」
「知らない」 →	「調べてみよう」
自分を破壊する言葉	
できない／ムリ／どうせ／ムカつく／イヤ／またダメだ →	ツイてる！／ラッキー！／ありがとう！

はい、そこまで。ありがとうございます！　いろいろ出てきましたね。

何度も言いますが、**できることは1個ずつ**です。**今ここで言い換えの言葉5つ挙げたからこれを全部やろう、となると余計なイライラが増えるのでまずはひとつ実行すればいいと思います。**

大切なのは知識の数を増やすことより、できることの数を増やすことです。

イライラと同じく、マイナスの感情である「怒り」。これも自分でコントロールできたらいいですよね。

そもそも、どうして怒りの感情は出てくると思いますか？

（参加者）● 自分の意図することと違うことが起こるから
● 相手への期待
● 想定していなかったことが起きてしまうこと

そう、**怒りの正体とは「期待」**なんです。つまり、期待がはずれたときに怒りが起こる。

子どもに期待しないママはイライラしない

例えば、学校のテストで自分の子どもが0点をとってきたら、怒りますよね。でもとなりの家の子どもが0点をとってきても怒らない。

休みの日にダンナがゴロゴロしているとイライラして怒りたくなる。でもとなりの家のダンナがゴロゴロしていても別に怒らないじゃないですか。

この差は「期待しているかどうか」の差です。

ほら、海外のレストランにいって、水をドン！って出されても「まあこんなもんか」って思うじゃないですか。

でも日本のレストランで同じことをやられたら怒りますよね。つまり、**怒りの正体はすべて期待から起きている**。

もし怒りの正体が期待から生まれるものであるならば、日常生活でどういうふうにすればそれが起こらなくなるか。怒りをコントロールすることができるようになるでしょうか。

「私は子どもに対して期待しないようにします」
こう宣言したところで、怒りは起こらなくなるでしょうか？
なんかこう言うと子育てを放棄しているみたいですよね。

ではどうすればいいかというと、**「期待値を下げる」**。
期待値を下げるっていうことはどういうことか、もっとリアルに実感するために次から怒りのメカニズムを紹介していきます。

POINT

イライラの正体は「期待」だった

神子育てのキーワード「期待しない」

皆さんの周りにはすごい温厚な人、おおらかな人もいれば、めちゃくちゃ怒りっぽい人もいたりしますよね。この人たちの違いは何かというと、怒りっぽい人というのは周りに対する期待値が高い。

期待値が低い人は満足と感じるものが多い。期待値を下げるというのはどういうことかというと、期待値のバーを下に下げることです。だから怒りをコントロールするのは期待値を下げるのがいいのです。

期待値を下げるというのは言い方を変えると、どんなことをしても満足できる、ということなんです。つまり、どんなことでも「ありがたいな」と思うようにすると、もともとあった期待値が下がっていく。

例えば、休みの日に勉強をやらずに遊んでいる子どもを見たときに、「宿題ぐらい早くやって！」と思うか「健康でありがたいな」と思うか。

そういうふうに思えるようになると怒りって起こらないですよね。

つまり、期待値を下げる方法はこれです。

「当たり前のことに感謝する」

家族がいてありがたいな、スーパーに品物がたくさんあってあり

期待値を下げると満足度が増える

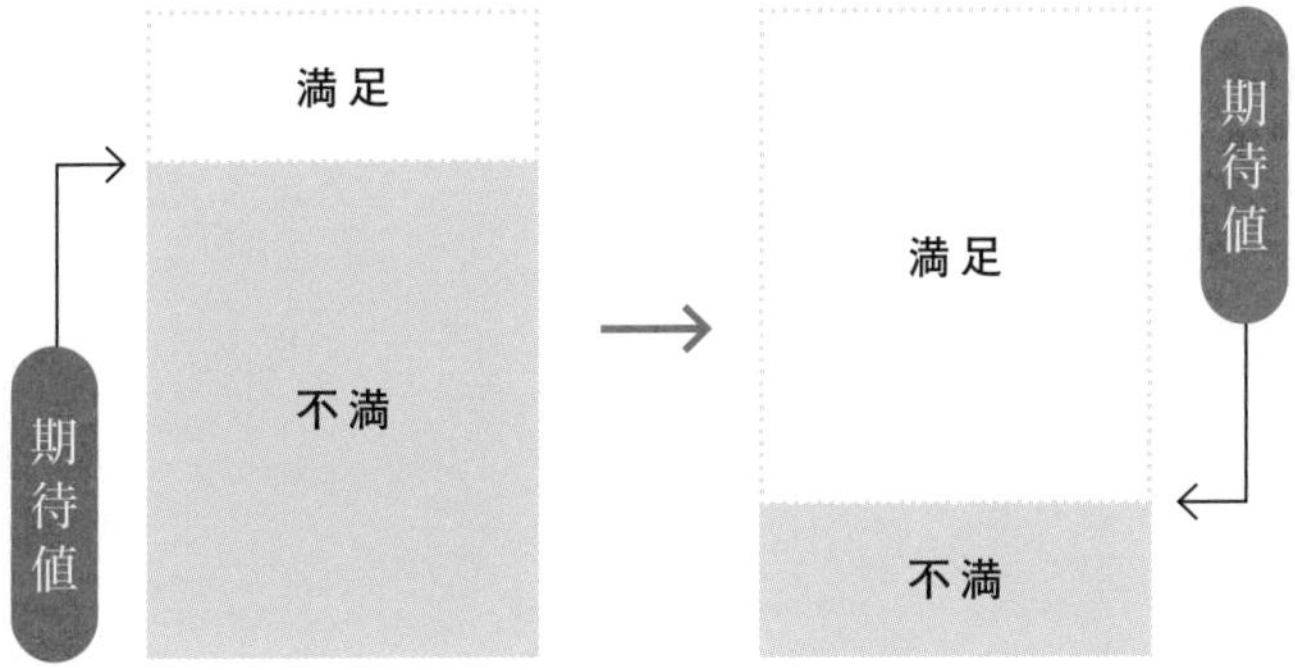

がたいな、とか。当たり前のことに感謝できるようになると期待値が下がるようになります。

当たり前のことに感謝するためには脳にふだんから習慣づけていくことが大事なんですね。

これはカラーバス効果と全く同じで、だんだん「ありがたい」と思えるものが見えてくる。

「当たり前のことでも感謝する」って意識しないと、ふだんは気づかないじゃないですか。

これ、正確に言うと「ありがとう」と感謝するのではなく、「ありがたい」と思うことですね。だって、われわれが送っているふだんの生活そのものが昔の人からみればすごいありがたくないですか？

その視点を持てるようになるには、毎日あらゆるものに対して「ありがたい」と思うようにすることです。

これから1分間時間をとります。

ふだんのお子さんの行動を全てありがたいという表現に書き換えてみてください。例えば、「勉強もしないで遊んでいる」なら、「ひとつのことに集中できる子でありがたいな」という具合に。

さて、この「ありがたい転換」をいくつ書き出せるでしょうか?

POINT

ありがたいことを探せるママからイライラが消えていく

WORK

5「ありがたい」を増やして、イライラを減らすワーク

書いてみよう!

身の回りで「ありがたい」と思うことを１分でどれぐらい書けるかチャレンジしてみよう。
(ゲーム感覚で家族でやってみるのもいいですね!)

参加者の例

● 生きていて ● 家族がいて ● 子どもが元気で ● 布団が干せて ● 仕事があって ● 治安がよくて ● ご飯を食べれて ● 眠れる場所があって ● スーパーに商品があって ● 夫が元気で ● ランチができる友達がいて ● 昨年引っかかった健康診断が引っかからなくなって ● 子どもが合格した学校があって ● 講座に参加できて

参加者の感想

- 「モノの見方」って大切だな、と改めて感じたワークでした。日々見過ごしていた「ありがたいこと」に目を向けるようになりました。
- 寝る前に「今日のありがたいこと」を３つ思い出すようにしています。そうすると、気持ちがスッと軽くなります。
- ８歳の息子とやってみました。「学校に行けない子も世界中にはたくさんいるんだよ。〇〇〇くんは学校にも行けるし、文房具もたくさんあるし、ありがたいよね」と話し合っていたら、息子が涙を流したんです。本当にびっくりしました。子どもにもこのワーク、おすすめです。

幸福度が高い人って共同体感覚っていうのがあるんですよ。いわゆる**我々の生活って自分ひとりで成り立つものは一個もない**ですよね。この感覚が持てるかどうかってすべてのことに「ありがたい」って思えるかどうかにもかかわってくると思います。

イラッとするようなことがあっても「まあまあ」と思う。当たり前のことに感謝する。 これが怒りを消すメカニズムです。

皆さんは「スリー・グッド・シングス」って言葉、ご存じですか？　これは、ポジティブ心理学を確立した米ペンシルベニア大学のセリグマン博士の研究を基にしたワークなのですが、**「毎晩寝る前に今日あった良い出来事を3つ書き出す」**というものです。これをすることで、幸福感が高まり、ストレス耐性もできることがわかったのです。

これにならって**「1日の終わりに3つありがたいことを記録に残す」をやるのもおススメ**です。

子どもの気持ちが手にとるようにわかる「エンプティチェア」

ママがイライラをコントロールする方法はまだまだあります。

相手の立場になることです。

期待値が高いときって「何でこうしてくれないの？」「こうやってよ」と自分の立場からのみで物事を考えていませんか？

相手の立場を知っていたら期待値は下がっていくもの。とはいえ、「相手の立場で考えましょう」ってよく言われていることだけれど、なかなかできないものなんですよね。子どもにもよく言っていませんか？

「相手の立場になって考えなさい！」って。

なぜ相手の立場になって考えることができないのか。

それはすごく簡単です。

相手の立場になって考える方法を正確に知らないからです。皆が「相手の立場になって考えなさい」と言うだけでアドバイスは終わっている。相手の立場になって考える方法を教えている人ってほとんどいないですよね。

頭の中で考えるでいいじゃん！ってなるかもしれないけれど、どうせ考えるなら正確に相手の立場になる方法がわかったほうがいいと思いませんか？

その方法はいろいろあるんですが、私がよく経営者の人たちに使っているのが「**エンプティチェア**」という方法です。

相手の立場になって考えるのが思った以上に難しいのは感情的になってしまうからです。そこで、もっと客観的に自分を見るようにします。

感情的になってしまっているときというのは、われわれの脳は自分を守ろう、守ろうとするので、自分の都合のいいほうにしか解釈しないんです。

相手もこういうことがあるよね、「だとしても」こうしてほしいよね、と自分を守るほうに戻ってきてしまう。

ではどうしたらいいか。

頭の中で考えるのではなく、体を動かすことがいちばんいいんですね。それが「エンプティチェア（空のイス）」という方法です。

自分自身を客観的に観察する力である「メタ認知」をつけるための方法です。

「メタ認知」とは自分を〝より高いところ〟から見るイメージで、感情をコントロールする方法として、とても有効なものです。

感情をコントロールするだけでなく、コミュニケーション上手にもなれるので、ぜひ皆さんに身に付けていただきたい力です。

やり方はこうです。イスをふたつ用意し、自分と相手になって座ってみます。そのときの各々《おのおの》の言い分を改めて言葉にしてみます。

最後にふたつのイスの中央に立ち、第三者のポジション（メタポジション）に立って、今起きている状況を冷静に判断します。

WORK

6 相手の気持ちになれる「エンプティチェア」

エンプティチェアとは、「空のイス」という意味。イスをふたつ用意し、自分と相手（子ども）になって座ってみます。そのときの各々の言い分を言葉にしてみます。自分を客観的に見る「メタ認知」ができるようになるワークです。

やってみよう

「子どもに厳しく叱ってしまったとき」のシチュエーションをイメージ。

① イスをふたつ用意し、まずは中央のメタポジション（第三者の立場）に立って、そのときのイメージをつくります。

② まずは自分のイスに座り、そのときどんな気持ちだったか、なぜそう言ったのか、自分に対してインタビュー。ここはムリに反省はせずに、「そうだよね、そう言いたくなるよね、わかるよ」と自己受容します。

③ いったんメタポジションに戻ります。

④ 次に相手（子ども）のイスに座ります。イメージとしては相手の中に入る気持ちで。「あのときはどんな気持ちだったの？」と相手の気持ちを感じることが大事。

⑤ 相手の気持ちを感じたら、「わかった、ありがとう」と言ってメタポジションに戻ります。そして、全体を冷静に見て、どう思うかを考えます。

参加者の感想

- 子どもの気持ちを実感することができました。
- 会社で苦手な上司と話すときも、「家で大変なんだろうな」と思いやれるようになりました。

はい、おつかれさまでした。

こういうことを何回かやるとメタ認知できるようになり、感情をゆさぶられなくなります。

実際にふたつイスがなくても、これはできます。

例えば、先日もある相談相手の方が「ああもうダメです。もうどうしたらいいかわかりません」と言っていたんです。

この状況というのは、本人が自分の気持ちの中に入りすぎているんです。ですからいったんそこから出してあげないといけない。

そこで私は、隣にある空いているイスを指して、「もしあなたがそのイスに座っていて、隣に今のあなたのように『ああダメだ』と言っている人がいたら何てアドバイスします？」って言ったんです。

そうすると、その方はふと我に返ったんですね。「『そんなの悩むことじゃないよ、誰でもそんなことがあるから』ってアドバイスしますね」という言葉が出てきたんですね。

だから私は、「その通り！」って（笑）。

ポジションを変える。それができるようになると怒りが消えていく。

相手の立場になると、ひとつの状況でもだいぶ見え方が変わってくることが体験できるのではないでしょうか？

イスを使えないときは体の向きを変えるだけでも、視点が変わります。

お子さんだけでなく、最近、職場やママ友関係などで怒りが沸いた経験があったら、その状況を思い出してこのエンプティチェアをやってみてください。そのとき沸いた怒りが落ち着いてきませんか？

POINT
座る場所を変えて相手の気持ちを感じてみよう

「こうあるべき」に苦しんではいけない

さて、前回の講座では、我々の選択と行動は強い感覚がともなった情動記憶をベースとしていますよ、というお話をしましたね。

これって何回も繰り返されていくと思い込みになります。

例えば、「先生が言うことは正しい」と言われ続けると、「先生は正しい」という記憶ができて、結果いつも先生の言うことを聞くという選択と行動が繰り返される。結局これは何かというと、先生が言っていることは正しいんだ、先生が言っていることは守らなければならない、という思い込みになったりする。**思い込みのことを「バイアス」と言ったりします**。

たまにすごく強い思い込みを持っている人、いるじゃないですか。

男の子はこうじゃないといけないとか。ママは完璧じゃないとダメ、とか女性はこうでないとダメとか。これらも思い込みのバイアスになる。**「～あらねばならぬ」「～べき」という言葉も思い込み**ですね。

この**思い込みがあると、期待値が上がってしまう**んです。そうすると、先ほどの理論からすると怒りが起こりやすくなる。

だから、思い込みは外さないといけない。

物事に対して、こういうものだ、と思い込んでしまうことを「型にはめる」ということから、「フレーミング」と言ったりもします。

だから、**思い込みを外すためには「フレーミング」を外すこと、つまり「リフレーミング」する必要がある**んです。

自分がイラッとする出来事であっても、意味合いを変えてあげる。つまり、**リフレームしてあげるだけで感情ってコントロールすることができる**んですね。

それにはどうしたらいいか？　イライラを消すときには何を変えましたか？

そう、言葉です。**リフレームするにはやはり言葉が大事**。

自分が使う言葉を変えることで一瞬で世界が変わります。


リフレーミングする言葉で私がおすすめするのが「ツイてる」という言葉。

イラッとしたときに使う言葉と一緒ですが、やはりこの言葉は万能です。

経営者の方でもこの言葉をおまじないのように使っている方、けっこういるんですよ。どんなに追い込まれても「ツイてる！　これで私は成長できる！」「ツイてる！　いったんリセットして考えよう」というふうに使います。

どんな辛《つら》い状況でも「ツイてる」と言ってしまえば、カラーバス効果で脳がむりやりツイている面を探してくるんで、事態は好転することが多いんです。

POINT

「こうあるべき」はイライラの原因である

反抗期の子どもが可愛く見える裏技

子育てに限らず、我々の日常では様々なことが起こり、それによって感情が動きます。

でもよく考えてみれば、**その事実自体にはいいも悪いもない。皆さんの脳にあるフィルターが感情を決めているだけ**です。

以前、「反抗期の子どもをなんとかしたい」というお母さまから相談を受けたことがありました。でも反抗期の何が嫌なのか、そのお母さん自身もわかっていないんですね。

反抗している子どもが悪いと思っているのか、反抗されていることによって自分自身に価値がない、と思ってしまうからなのか。深層心理では、反抗されていることによって自分の自己評価が下がってしまうから終わってほしいのでしょうね。反抗期が起きている＝自分が悪いんだ、と思ってしまっている。

だったら極端な話、「子どもが反抗期でも自分自身は変わらない」と思っていれば幸福度は高い。これがいわゆる自己受容ですね。

その上で、「反抗期＝悪」の思い込みをリフレーミングする。

「反抗期でも大丈夫」「ツイてる！　これで子どもの自立心がつく」とか。

どんなことでも、従来型の正しさに縛られていたらダメです。

ですから、思い込みを外していい感情を出したいんだったら、いい感情が出るフィルターを通せばいいんです。このフィルターが言葉ですね。

もし自分が今、精神的にいい状態じゃないな、と思ったときは、自分の中でどんな言葉をいつも言っているか、きちんと耳を傾けたほうがいいですね。

「嫌だ」「もうダメ」のようなネガティブワードを多用していませんか。

POINT

どんなことが起きても「ツイてる」で物事のいい部分を見る努力を

ゆるキャラ思考で不安は味方になる

もうひとつ、感情をコントロールする方法に「**感情ラベリング**」というものがあります。

これは、もし負の感情が出てきたら、名前をつけてあげることなんです。できればキャラクターをつくっちゃうといい。

例えば、**不安な感情が出てきたら、「不安くん」とか「ふっくん」と名前をつけて、キャラクターとしてイメージしてみる**。

ちょっと悪魔っぽい顔をしていて黒いしっぽがあるとか。それを体の中からスッと出すイメージを持つんですね。

そして、「はい、不安くんは出ました！」とつぶやいてみる。これ、**自分と感情を切り離すことができる方法**なんです。

こういうのを心理学では「ディソシエイト」と言います。

いちばんやってはいけないのは、不安や怒りを消そうとすること。

こういった負の感情は消そうとすると、どんどん大きくなるものなんです。

というのも、不安というのは皆さんに、「このままでいいの？　死んじゃわない？」というアラームの役目をしているんです。なのでそれを見てみないふりをしたり、消そうとすると「まずい！　気づかれていないのかも」と思ってもっと大きくなってしまう。

だから不安はあるよ、認識しているよ、と脳に伝えるのがいい。そうするとそれ以上大きくならない。

POINT
嫌な感情には名前をつけてキャラクター化してしまおう

ただ、不安あるよ、と思ったままだとずっと不安ですよね。だから**不安に名前をつけて、体の中から出すイメージをやる**んです。これが「感情ラベリング」。

他にも、怒りが出てきたら「いっくん」にしちゃうとか。「はい、いっくん出てきた！　どうしたの？」って言って体から出してあげる。これがディソシエイト。体から離す、ということです。

リフレーミングと感情ラベリング。どちらか自分がやりやすいほうを実行してみてください。

いかがでしたでしょうか？
今日はイライラをコントロールする方法をいろいろやりましたね。
できそうなものから、まずはひとつでもいいので実行してみてください。

今日の初めにお伝えしましたが、**大前提として大切なのは、「イライラして**

いる私は悪くない。大丈夫」という「自己受容」をすること。

自分が自分のいちばんの味方である、という感覚を育ててくださいね。

そのためにぜひお家でやっていただきたいのが、「自己受容のワーク」です。

自己受容とは、自分で自分の良い部分も、そうではないと思っている部分も含めて認めて受け入れてあげることです。


どんなワークかと言うと、毎日鏡を見たときに、自分自身に向かって「がんばってるね」「大丈夫だよ」「よくやってるね」と、優しい言葉をかけてあげること。これはぜひ、**腕で自分の体をギュッと抱きしめる「セルフハグ」をしながらやってもらいたい**んです。

わずか数秒でできるのに、自己受容力がものすごく高まる。


こんなことを毎日やっている人ってあまりいないと思いますけど、これは思った以上にすごく効果があります。

家族に見られてもいいじゃないですか。お母さんはこうやって頑張っているんだよ、って言えばいいと思います。

目指すべきは、イライラがなくなっている自分ではなく、自分を受け入れることができて、イライラを上手にコントロールできるようになる自分です！

Day 3 まとめ

- まずは、「イライラしても問題ない」と自分にOKを出してあげる。
- 感情は、ワード、ピクチャー、エモーションの順番で生まれる。
- 使う言葉をコントロールすると、感情もコントロールすることができる。
- 怒りの正体は「期待」である。
- 「ありがたい」と思う事を増やして期待値を下げよう。
- エンプティチェアで体を動かせば相手の気持ちが手に取るようにわかる。
- イライラする出来事も「ツイてる」でリフレーミングして感情をコントロールしよう。

Day3からDay4までの
星さんから参加者への宿題

- Day2に引き続き、1日1日を「未来の自分」、1年後の自分ならどうするか？と考えながら、発言、行動をして過ごしてください。そして、毎日「未来の自分」で生きたら、こんなことが変わった、こんな対応ができた、こういうことを感じるようになった、と書き出してください。

- イライラしたときに言ってしまう言葉を、どんな言葉に言い換えることにしたか？　また、その言い換えた言葉を使うようにしたら、どんな変化がありましたか。

- 「ありがたい」と思う事を毎日3つ書き出してください。

※講座参加者は前回と同じ3～4人のLINEグループをつくり、毎日交代で報告する形で取り組みました。

Day 4

科学的アプローチで正しく習慣づくりを実行する

習慣づけにも科学的メカニズムを使う

さあ、今日はＤＡＹ４です。

ちょうど真ん中まで来ましたね。今までやってきたことを復習します。


まずは幸せの定義を知って、自分が向かうべき目標地を決める。ここで大事なのは、達成できる、できないではなく、「やってみよう」とするポジティブ感情を高めるため。そして、人生の方向性を見失わないようにするため。

目的地が決まったら「過去の自分」でなく、「未来の自分」で生きることを意識してみる。すると、日々の選択と行動が変わり、どんどん変化していく。

一方で「どんな自分でも受け入れる」とする自己受容感を高めつつ、イライラや怒り、といったネガティブ感情をどんどん手放していく。


いかがでしょうか？　大切なのは、知識の数よりも、できる事の数です。

一度に全部やろうとせずに、1つだけでいいので、実行できるようになってくださいね。そうすると、物すごい変化が皆さんの日常に起きますから！

今日は子どもの習慣づけです。難しいですよね、習慣づけ。でもこれさえわかっていると、日々の対応の仕方も違ってくるよね、ということがたくさんあります。

子どもだけでなく、パートナーシップでもそうなんですが、**何かやってほしいな、ということがあったら、相手が「それをやることはすごく良いことなんだ！」という記憶（＝情動記憶）を植えつければいい**のです。

プラスでもマイナスでも記憶は残りますが、恐怖のようなマイナスの記憶はいい感情じゃないですね。だったらプラスの、いい感情を植えつけてあげたい。

例えば、「子どもがなかなか片付けをしない」という状況はよくあると思うんですが、なんでじゃあ子どもは片付けないんだろう、と思ったときに皆さんはどうしますか？

「片付けなさい！」とか、「何度言えばわかるの！」と叱りますか？

そうではなくて、**皆さんは記憶→選択→行動のメカニズムがわかっているわけだから、子どもの中に「片付け＝いいこと」という記憶を植えつければいいんだ、ということがわかる**と思うんです。

裏を返せば、片付けようとしないということは**彼ら、彼女たちの記憶の中に片付けることがとてもいいことなんだ、という記憶づけができていないから、**ということです。

だから、「あんたなんでいつも片付けないのよ！」と叱るのではなくて、**どういうふうにすればいい記憶つくれるかな、と考えてそこに対してアプローチしていけばいいんです。**

子育てとは「子どもの記憶づくり」である理由

ではいい記憶をつくるためには、どうしたらいいのでしょうか?

やっぱり褒めることなんですね。

これはパートナーシップでもそうなんですけど、やってもらって嬉しい、ということがあったら、そのことを最低でも3回褒めたほうがいいです。どうしてかというと、3回褒められると3回嬉しい、という感情をともなった記憶ができるからです。複数回やることで、「これをやると褒められるんだな」という記憶が定着するんです。

3回も言うのはくどいと思うかもしれないけれど、くどいくらいがいい。

例えば、お子さんがいつも片付けないおもちゃをたまたま片付けた。何個かあるうちの1個だけでもいいんですよ。皆さんならどうしますか?

まずはすぐに「すごいね、おもちゃがしまってないこと、よく気づいたね」と褒めます。ご飯食べているときも「今日は○○ちゃん、あれ片付けてくれたから部屋がすっきりしているね」。寝る前に「今日片付けてくれてママすごく嬉しかったよ」と言ってみてはいかがでしょうか。**単に「すごい！」「えらい！」と言うだけでなく、「どこがすごかったのか」「ママはどんな気持ちだったのか」ということまで伝えるとより印象に残ります。**

その行動をやると褒められる、という快感をもう一回味わいたいから選択と行動をする。これがメカニズムなんですね。

だから、「なんでこれをやらないんだ」と選択と行動のところばかり叱ってもあまり効き目がない。

子育てっていうのは記憶づくりでもあるんです。

「時間を守りなさいよ」というのも親が子どもによく言うことだと思いますけど、果たして**「時間は守るものだ」というベースになる記憶をつくっているで**

しょうか。時間って守るものでしょ、と思うかもしれないけど、それは大人だから思うものですよね。

だから「朝、時間どおりに家を出る」というのをやらせたいなら、「時間っていうのは守るとこんないいことあるんだよ」という話をして、まずは下準備をしておく。そして時間どおり出れたら「ほらすごい、時間どおり出れたね」って褒める。目的地に着いたら「今日は時間どおり出れたからちゃんと着けたね、よかったね」と褒める。家に着いたら「今日はママ時間どおりにできて嬉しかったな」って。次の日もやる。もはやコントのようだけど、ここまでやって定着するものなんです。それは**「ママは時間を守ると喜んでくれる」という記憶ができたわけです。それに基づいて自分で選択と行動ができるようになる。**

POINT

褒められた記憶をつくると子どもも幸せに育つ

全員ハマっている「習慣づけ」の罠

これは、習慣づけにも通じる話なんですね。子どもの習慣づけがなぜできないのか？

これも、習慣のつくり方を知らないから。

自分に置き換えてみてください。**誰もが運動しなきゃと思うけれど、思っただけで定着する人はいない**ですよね。

大人だって難しいのだから、子どもの習慣づくりはすごく難しい。

まず前提にあるのは、我々の選択と行動は記憶をベースに行っていますよ、というあの話。

やるかやらないかを決めるとき、人間の脳みそは、「これをやったら褒められる」というのと、「これをやったら叱られる」となったらどっちを選択しますか？

「褒められる」ですよね。

だからまず、習慣づけたい行動があったら、それができたときに徹底的に褒めることが大事です。

そしてもうひとつ。子どもの習慣づくりは、わかりやすくするために、ものすごく極端な表現をあえて使うと、「犬のしつけ」と同じ、と捉えると攻略できます。

どういうことかと思いますか？　犬をしつけるときにどうやるかをイメージしてください。

お座り、お手、お回り……いろいろやらせたいことがあっても一気にできないですよね。まずはお座り、だけを何度も繰り返す。一個できるまで先に進ませないですよね。初めてできたらすごく褒める。これです。

なぜ犬にやるのに人間にやらないのかって(笑)。何回もやってお座りができるようになったら、やっとお手に進む。

つまり、子どもの習慣づけ、皆さんは一度に多くのことをやりすぎなんです。

習慣というのは、ひとつずつ。ひとつずつステップアップです。

そして、できたら褒める。

やったら褒められたという記憶をつくらないといけないんです。情動記憶づくりです。**情動記憶に残りやすい条件というのは脳にドーパミンが分泌されたとき**なんです。

ドーパミンというのは、やる気や、嬉しい！という感情につながるホルモンなんです。

なので、**ドーパミンが出るときってどういうときなの？というと、大きく分けてふたつ。ひとつが目標達成したとき。もうひとつが褒められたとき**です。

このふたつのときにドーパミンが出る、ということがわかっています。

だからどんなささいなことでも褒めるとドーパミンが出て、記憶に残りやすいんです。

大人にとってはふつうのことでもです。手を洗うとか歯を磨くとかね。習慣化するまでは褒め続ける。とくに幼児期はこれを徹底してください。めんどくさいと思っても、これを褒めると記憶に残るんだ、習慣化になるんだ、と思えば積極的に褒めてあげよう、って思いませんか？

もちろん、一回できたらはい、習慣化します、っていう簡単な話でもないんです。**習慣化するには一種のドーパミン中毒にしないといけない。行動する、褒める、を繰り返さないといけない。これをやるとドーパミンが出るんだな、というのを脳に覚え込ませないといけない。**これは繰り返せば繰り返すほどいいんです。

POINT

大人でも一度にたくさんの習慣は定着しない。子どもの習慣づくりで「あれもこれも」は無理

ドーパミンで子どもの習慣化を極める

本当に習慣化されたかどうかは、さりげなくテストをしましょう。

つまりドーパミンを与えなくてもやるかどうかを見極めるんです。褒めなくても完全に勝手にやっちゃってるわ、となったら、次、ですね。だから地道な作業です。個人差はあるけど、習慣化されるのって最長で3ヶ月かかるって言われています。

とにかく定着するまではドーパミンを放出させる。これは絶対に1個ずつ。欲張っちゃダメ。これが鉄則です。

ちなみに、褒めるのは何回でもいいんですよ。よく夫婦喧嘩《げんか》のダメなパターンで過去のことをひっぱってきてネチネチ言う、っていうのがあるんですけど、褒めることに関しては過去をひっぱってきてもいいんです。

でも過去のことをひっぱってきて褒めているつもりが今の子どもを否定するのはダメですよ。「あのときはあんなにできたのに、今はね～みたいな」（笑）。これになると結局は否定になっちゃう。

そしてもっともドーパミンが出るのは、本人が決めた目標を達成したときです。とくに幼児期が終わり、だんだん成長してくると、ママの褒め言葉よりこちらのほうが強力になってきます。

例えば、もし「毎日プリントを2枚やらせたい」という習慣づけの希望があるなら、それは親が決めたことではなく、子ども自身が決めたもの、と思わせることが大事です。これ、親のトーク力が問われますね。

POINT

親がやらせたい！を
子どもがやりたい！に変える

とにかく自分で決めさせるのがコツ

例えば、こんな例があったらどうしますか？

●子どもの机の中からやっておくはずだったプリントが30枚も出てきた。

もちろん親なら「何でこんなに隠しておくの！」と怒りたいところですが、きっとこの状況なら子どもも「ヤバイ！」と思っているはずです。

私だったらどうするか？

「お～お宝でてきたじゃん！」って言って、まずは**「やっていないプリント＝ヤバイ」を「お宝」にリフレーミング**しますね。

その上で「これどうする？」って言って子どもに意見を言わせます。

「このまま隠す！」って言うかもしれない。そしたら**「まあそれもありだよ**

ね」って否定はしない。やる、って自分が選択するまで質問しつづけるんです。「隠す！　OK！　でもそれは最終手段にしよう」という具合に。

「じゃあさ、ドアの向こうから神様が現れて、『この30枚のプリントをこうすると褒められるよ！』ってアドバイスするとしたら、なんて言うと思う?」っていうちょっと変化球の質問も有効。これは前回やった「ディソシエイトさせる」（客観的に自分のことを見る）方法なんですね。

これは前回やった「エンプティチェア」と同じで、客観的に考えさせる方法と同じ。人は他人のことになると自分の感情を切り離して冷静に考えられるんです。本人の出来事にしちゃうと30枚のプリントなんてやりたくないですよ。

だから、子ども自身に客観視させて「これはやらないとまずいな」というセリフを言わせたいんです。なぜかというと、自分自身で決めた目標にしたいから。だからそこにたどりつくまで皆さんがちゃんと質問できるかどうかが問題なんです。

子どもが何を言おうと「否定しない」

そのとき、子どもが言った意見が相いれないものでも否定してはいけません。

子どもと親とでは考えていることが違うから。子どもなりの考え方があるから、まずはそれを理解するのが先。もしかしたらお母さんと一緒にやってもらいたいとか、ウソをついた理由を聞いてもらいたい、というのがあるのかもしれないし。

相手が言っていることの背景を聞いてあげるってすごく大事です。「なんでそうなの？」「なんでそう思うの？」とか聞いてあげることって大人同士の場合はしているかもしれないですけど、相手が子どもだとやっていない場合が多くないですか？　やはり相手が子どもでも大人と同じ対応をしよう、というのが大事ですよね。

この人は不満を言っても聞いてくれる人なんだ、と思うと安心するじゃないですか。**自己肯定感も高まる**んですね。

それでもなかなかやるって方向にいかないときは、２種類の質問を織り交ぜると有効です。

オープンクエスチョン、
クローズドクエスチョンです。

最初は、オープンクエスチョン。「どうすればいいと思う?」とオープンに自由に相手の気持ちを聞く。なかなかやる、って言わないときは先ほどの「別の人が入って来てアドバイスしてくれるとしたら?」などと聞いていきます。

これでもなかなかうまくいかないときは、最後はクローズドクエスチョンにします。

子どものやる気を生み出す クローズドクエスチョン

これは「閉ざされた質問」という意味なんですが、なにが閉ざされているかというと、質問の選択肢が限られている、ということなんです。

オープンはどんな答えが出てきてもいい。クローズは「まずしたほうがいいと思う？　しないほうがいいと思う？」とふたつに絞る。**「するの？　しないの？」はダメ。自分で決めた感がない**ですから。

私も経営者の方と面談をしていて、目標計画で達成していない人に対して「これやるの？　やらないの？」って言いたくなるときもある。でもそれをやるとドーパミンが出ないので、明らかに自分で決めました、にしたい。でも、**明らかにイエスと言わされているような質問ではダメ**なんですよ。

私がよく言うのは「私はぜんぜんどちらでもOKです。やってもいいと思うし、やらなくてもいいと思う。どちらでもどうぞ」と言います。

だから皆さんも、**「やるかどうかはママがどうかじゃなくて、自分自身がいいと思うほうを選んだほうがいいよ」と言うべき**でしょうね。

やらない、というのを選んだ場合どうするか。なぜやらないのか理由を聞いてあげるといい。

何か理由があるかもしれない。理由を聞いて、親自身がそれに納得できるならやらなくてもいいと思っています。ただ理由を聞いても腑《ふ》に落ちない場合は、「こういう考え方あるんだけど、どう思う?」と聞く。

クローズドクエスチョンにしていくためには、「ちなみに、30枚一気にやるのと1枚やるのとどっちがラクそう?」と聞くのもいいでしょう。**これはクローズドクエスチョンなんだけど、どっちもやるっていう前提になっている。**

「1枚かなー」となったら1枚やるのにどれぐらい時間がかかると思う? 参

考まで教えて、ってどんどん絞り込んでいく。

1枚やって何かごほうびあったら頑張れそう？　30分やったらYouTube見る？　など具体的な方法も決めさせます。

忙しい中こんな手間かけるなんて！　と思うかもしれないけど、それは親の都合です。皆さん**一気にやろうとするからうまくいかないし、「勉強＝怒られるもの」と本来望んでいたものと逆の記憶づくりをしてしまっている**のです。

いろいろあるけれど、「まずはこれだけ習慣づけたいな」というのを、ねらいを定めてやらせることが大事ですね。

POINT
最後は選択肢をいくつか提案するが、それでも自分で決めさせる

伝え方が上手なママは、笑顔上手である事実

何度も言いますが、全部一気にやるのではなく、目標は細かく設定して達成感を味わわせる、というのがポイントですね。

これ、ダンナさんに対してもそうですすよ。いろんなことを一気にやらせるのはムリ。もちろん、自分自身の習慣づけもそうです。

あとは、先ほどのプリントの会話例もそうでしたけれど、こういうケースのコミュニケーションは基本、「教えてください」のスタンスでいくとうまくいきます。とにかく、相手に自分で気づかせる、というのが大事なんですから、こちらが答えを提案してはいけない。

そのとき、ピリピリした雰囲気をつくっちゃダメですよ。「まさかやらない、って言わないよね～?」みたいな(笑)。

肯定的な雰囲気じゃないと相手は絶対話さないですし、自分の否も認めようとしません。とにかく話しやすい環境をつくることが大事です。意見を聞かれる、というのは相手が大人であろうと子どもであろうと悪い気はしないものなのです。

意見を聞くときはくれぐれも恐い顔をしないで笑顔でお願いします！

POINT

大人と同じで子どもも、友好的な雰囲気の人に心を開く

「こうしなさい」はやる気を奪う魔法の言葉

さあ、次は悪習慣を断ち切る方法です。

結論から言うと、**これも「自分で決める」ということがとっても大切になります。**

例えば「ゲームは1日30分ね」と言われると「何でそんなこと決められなきゃいけないんだよ！」って反発心が生まれるじゃないですか。でも手放されるといつかは「これぐらいでいいかな？」と自分で思えるようになる。

モチベーションっていろんな種類があるんですけど、**「内的要因」**と**「外的要因」**があります。

内的要因は、自分でやりたい、と思ったもの。外的要因は、「宿題やったら千円あげる」といったごほうび。

外的要因は即効性がありますが、この場合は千円あげたとたんモチベーションが終わってしまいます。

では**内的要因はどうつくるか？ やはり自分で決めさせること**なんですね。「あとどれぐらいゲームやるの？」って聞いて（怒っている感じじゃなく）デッドエンドを自分で決めさせる。

何が違うかというと、**ママに言われたからやめるのは、やらされ感が強いのに対して、自分で決めた場合は「自分で決めたものを実現する」というポジティブな内容になる**。

私もコンサルティングやるとき、経営者の人たちに次回までの課題これとこれとこれですね、と言ったときに、じゃあこれを1週間後にやってくださいね、とは絶対言わない。次の課題はこれこれですね、と言ったあと、「どれぐ

「どのくらいでできそうですか？」って聞く。私の中では会社の経営戦略と成長スピードだと10日でやらないと終わらないな、という明確な答えはある。

でも10日でやってください、ではやる気が起きないですよね。なのであえて相手に聞く。

そこで、10日という戦略上必要な数字の近辺が出てきたら、オッケーを出す。例えば、相手が「12日」と言ってきたら「12日ですか、いいですね。それでやりましょう！」というように。自分で決めたことをモチベーション持ってやれると、すごくいい結果が出たりする。

習慣づけのところでもお伝えしましたが、相手を動かしたいときは、「相手に聞いて、気づかせる」ということが大事です。

自分で決めた目標に向かってすすんでいくときが、幸福感が高く、モチベーションも高くなるというのが科学的にもわかっています。

だから期限も相手に気づいてもらったほうがいい。

例えば私が10日でやってもらいたいのに相手は「20日かかる」って言ってきたらどうするか?

「20日かかるというのは私もその通りだと思います。その上で理想のスピードってどのぐらいだと思います?」とか聞きますね。

「20日は絶対終わらせないといけない期限だとして、理想の締め切りはいつだと思いますか?」って未来の自分をイメージさせて答えてもらうんですね。

この20日っていう答えは、今の自分でやって、さらに保険をかけて20日と言っている可能性があるからです。

でも、20日を否定しない。「20日もありですね」って言う。**否定しない、というのはコミュニケーションを取る上で本当に重要**です。

そうやって聞くとだいたい短縮した答えが出てくるので、「そこを目指しましょう！」「いったんそれを締め切りでやってみましょう！　それでムリそうならまた教えてください」と言う。そうすると、だいたいは締め切りを守っちゃうんですね。

こうやって手順をふんで自分で決めさせていくのです。

ちなみに、大人でも子どもでも自分が幸せだな、って思うことの要素ってなんだと思いますか？

やはりこれこそ、「自分で決めている」という感覚なんですね。**自分で決めているという実感があれば幸福度が高くなる**。

でもこれ、よく考えると不思議ですよね。今は昔から比べるとかなり自由は保障されているし、職業も結婚も自分の意思で決めることができる。それなのに、あまり幸せに感じないことありますよね？　幸福感を持っている人が格段に増えているか、と言われるとそうでもない。どうしてでしょう？

アメリカの研究なんですが、アフリカの民族の風習に関する調査があったんですね。そこは結婚する相手は親族が決める。結婚式の当日に並んで横に座り、二人を隔てていた幕を開けたときにはじめて相手がわかる。それに対して、アメリカの国の自由恋愛。どちらが幸福度が高いでしょうか？って調査をしたとき、アフリカの民族のほうが幸福度が高かった。

それはなぜかわかりますか？

その民族の人たちはその風習をとてもリスペクトしていて、誇らしく思っている。その結果、自分たちの民族が繁栄してきたから、この結婚の風習も**自分で選択している、という意識があったん**ですね。

いっぽう自由恋愛のほうはどうでしょう？　結婚適齢期がきて、周りもうるさいから結婚しよう、っていうときありますよね。**一見自由なようでいて、やらされ感が強い**。

とにかく、自分で選ぶ、という行為は思っている以上に大切で、その人自身の幸福度にも影響してくる、ということをぜひ覚えておいてください。

そのためには命令するのではなく、常に「どうする？」「いつまでがいい？」のように疑問形で伝える、というのがいいですね。

POINT

「○○しなさい」ではなく、「どうしたい？」がやる気を出す言葉

悪習慣を断ち切るママの味方「20秒ルール」

そもそも皆さん、いい習慣をつくるのと悪い習慣を断ち切るのでは、どっちが難しいと思いますか？

（参加者）悪い習慣！

そうです！
悪い習慣を断ち切るほうが難しいのです。なぜかというと、いい習慣をつくるのは正しいやり方をすればけっこう簡単です。脳に報酬を与えればいいので、これをやれば報酬をもらえるんだ、と思ったら人間の脳は報酬を求める方向に動く。

ただ、もうついてしまっている悪習慣は何も考えないでやってしまっていることが多いんですね。家に帰ってきたらテレビをつける、暇になるとお菓子を食べる、とか。これはもはや習慣なんですよ。これを断ち切ることは難しい。これは意思が弱い、とかそういう問題じゃないんですね。

この悪習慣を断ち切るためには、やはりこの脳の仕組みを利用するのが早い。

断ち切りたい習慣があるなら、それにとりかかるまで20秒かかる仕組みをつくればいい、という「20秒ルール」というのがあるんです。

脳には、報酬をもらいたい、という性質のほか、現状維持したい、とする性質があるんですね。なんで現状維持したいかというと、余計な負荷をかけたくないから。

いつもやっていることなら、覚えなくてもいいし、いつもどおりでいい。だったら**断ち切りたい悪習慣があるならそれを手に取るまでにめんどくさい仕組みをつくればいい**。それをやることがめんどくさくなってやんなくてもいいや、ってなるんですね。

極端な話、スマホをすぐいじってしまうのをやめたい、というのなら家に帰ったらスマホを金庫に入れて、暗証番号をかけるとか。「何かをしたい」より「めんどくさい」が高くなったらやらなくなるんです。

夜中にお菓子を食べてしまうのは、簡単に取り出しやすいところにお菓子があるから。だったら鍵がかかっている戸棚に入れてしまえばいい。

私もお酒が好きなので、昔はビールを箱買いしていたことがありました。これだと永遠にお酒をやめられないですよね。冷蔵庫を開ければすぐ出てくるんですから。でも、飲みたいときに冷蔵庫になくて、コンビニまで買いに行かなければならないとしたらどうです？「まあ今日はいいか」ってなりますよね。それと同じです。

例えば、子どもの断ち切りたい習慣ってどんなものがありますか？それをどうやったら断ち切れそうですか？

そもそも、人が行動する原理はふたつしかありません。
快を得る、痛みを避ける、です。

つまりメリットがあるからやる。嫌なことが起きそうだからやらない。
だから、子どもの行動の裏にはどちらかがあるのです。わからないときは「なんでそんなふうにするの?」と聞いたほうがいい。親が子どもの快や痛みに気づいてない可能性がありますから。

POINT

やめたい習慣は、20秒かけないと始められない仕組みをつくろう

Day 4 まとめ

- 子育てとは「子どもの記憶づくり」である。
- とくに定着させたいことは3回褒めることが必要。
- 子どもの習慣づけは一つずつやると定着しやすい。
- 人は、自分で決めるとやる気が出る。
- 子どもが何を言おうと否定してはいけない。
- 「こうしなさい」ではなく、「どうすればいいと思う?」がやる気を生み出す。
- 断ち切りたい悪習慣は20秒かかる仕掛けを!

Day4からDay5までの
星さんから参加者への宿題

同じLINEグループで、以下の内容を発信します。

- 引き続き、1日1日を「未来の自分」、1年後の自分ならどうするか？と考えながら、発言、行動をして過ごしてください。そして、毎日「未来の自分」で生きたら、こんなことが変わった、こんな対応ができた、こういうことを感じるようになった、と書き出してください。
- 「ありがたい」と思えることを5つ挙げる

※講座参加者は3～4人のLINEグループをつくり、毎日交代で報告する形で取り組みました。

Day 5

神子育ては神トークで実現できる

将来、子どもが高収入になることを確定させる方法

さて、今日はこんな話題から始めてみます。

子どもはどんなふうに育ったら幸せになると思いますか？

（参加者）

- 社会で能力を活かして自立する
- 自分の決めたことができる
- 本人が幸せだと思う
- 本人がやりたいことを周りに認められながらやれる
- 好きに自由に生きられる
- 自分に自信があって周りに好かれている

●自分で自分のことはよくわかっている
すばらしいです！
そもそも幸せな子育てってなんだろう、ということを考えていくとき、「幸せに生きるために必要な能力って何なのか」ということを考える必要があります。お金を稼ぐ、自立する能力など、必要な能力っていろいろあると思うのですが、実は幸せに生きるために必要な能力は、さまざまな研究がある中で、どの研究もほぼほぼ結論は同じです。

それは、**愛する力です。**

これはどういうことかっていうと、万人を愛する力というのではなくて、**愛する力がある人は温かな人間関係を築くことができるので、これを持てると幸福度が高い人生を送ることができる**、ということなんですね。

これを研究したいちばん有名なものが、「ハーバードメン研究」。

その名の通り、ハーバードの卒業生に対しての研究で、すごく大規模な調査なんですね。ハーバード大学に在学した268人に対して75年ものあいだ追跡調査したもので、2009年にその発表がされました。

その人たちの人生を追跡していて、上位10％の幸せな人たちと下位10％のそんなに幸せではなかった、という人たち。

この人たちにどんな違いがあるのか、を比較したんです。この差が生まれた主な要因は温かな人間関係だったんですね。不幸せだった人たちは上位と比べると人間関係に恵まれていなかった。

しかも上位の人たちは下位に比べて、幸福度が高く、感情が安定していて、しかも年収が高い。温かな人間関係で大切なのは友達の数じゃないんです。人間関係の質。

友達100人いるからって幸せではないんです。

そして、これに重要な役割を担っているのが母親であることもわかったんです！

この研究では、幼少期の母親との関係が良好だった人はそうではなかったという人と比較して年収で約８７０万円も差がつくという結果が出ています。生涯年収ではなく年収ですよ。

つまり、**皆さんとお子さんとの関係性はお子さんの将来の年収にかかわってくる**のです。

これをふまえると今後、お子さんに対する皆さんの一挙手一投足が変わるんじゃないでしょうか？

残念ながら父親との関係はお子さんの年収にはほぼ関係ないといわれている。ちょっと意外ですが、それだけ母親との関係が影響を及ぼすっていうことですね。

温かな人間関係とは、周りから応援される力でもあります。これをつくるの

は愛する力であって、それが醸成されるのは幼少期。母親との関係性でつくられる。

逆に言うと、母親との関係性で愛する力というのを育てていくことができれば、その子自身に愛する力が身に付き、おだやかな人間関係をつくる力が生まれる。

そして周りから応援されていろいろなチャンスに恵まれ、やりたいことが実現していって、幸福度も上がるし、感情も安定する。

結果、年収も高くなっていく、といったメカニズムです。

POINT

子どもと母親との関係が子どもの将来の年収に影響を与える

オキシトシン教育が将来の分岐点

では、愛する力ってどのようにしてつくることができるの?という話ですが、**愛する力っていうのは実は脳の中にあるAVP(アルギニンバソプレッシン)受容体の濃度が影響していると言われています。**AVP受容体の濃度が高い人ほど人に対して興味があったり、誠実であろうとする気持ちになる。

これが少なくなると自己中になったり身勝手になったり相手の気持ちがわかりにくくなる。

AVP受容体の濃度が低い人は離婚率が高いとも言われているんです。

どうやって増やすか知りたいところですが、実はこのAVP受容体、生まれながらに量が決まっているそうなんです。増やすこともできないし、減らすこともできない。

しかし、ひとつだけこれに取って代われるものがあるんです。

それがオキシトシン。別名幸せホルモン、愛のホルモン、絆のホルモンとも言われていて、相手との関係性をうまくつくることができるんですね。

それだけではなく、健康ホルモン、美容ホルモンとも言われている、万能かつ最強のホルモンなんです。

オキシトシンが分泌されればされるほど愛する力が育てられていく。これは皆さん自身もそうだし、お子さんもそう。

なので、皆さんは**オキシトシンがお子さんに出るような子育てをやっていくと、お子さんの愛する力がすごく強くなっていって、結果、温かな人間関係をつくれるようになり、幸福度が高くなり、そして年収も高くなっていく**。

つまり、幸せな子どもを育てることができる、ということですね。

「うちの子、ちゃんとオキシトシン出てるかな」って事あるごとに思うといいですね。

勝手に子どもが幸せになる「4つのアクション」

では、どうしたら幸せホルモンのオキシトシンが出るのでしょうか？
オキシトシンの出し方は4つあります。
全部やる必要はないです。この中のひとつだけでも意識してやるといいでしょう。

1．スキンシップ

スキンシップの機会をぜひ増やしてあげてください。男の子、女の子、年齢、各家庭の状況によっても違うと思いますが、**大事なのは恥ずかしがらずに日常的にやる**、ということ。

とはいえ、ふだんスキンシップしていないのに、いきなり抱きついたら怖いですよね（笑）。だから思春期の子だったらかるく肩や背中をたたいて「お疲れさん」「がんばってね」って言うとか。握手する、腕ずもうする、などでもいいんです。少しずつ取り入れるといいですね。

子どもがまだ小さいなら、愛情表現としてたっぷりスキンシップをやってあげるといいと思います。おすすめなのはソニー創業者の井深大《いぶかまさる》さんが提唱したと言われる「8秒ハグ」。

朝、学校に送り出すときや、寝る前に8秒間ギューッとハグしてオキシトシンをたっぷり出してあげる。習慣にしてしまうのがいちばんいい。

そうすることによって、子どもは人を受け入れる気持ちが強くなって、対人関係の不安感がなくなります。

2. 心温まる映画を観る

幸せなものをみたときもオキシトシンは分泌されます。絵本でもいいです。今は家でもDVDやネットフリックスなどで観れますから、家族で観るといいですね。

3. 動物と触れ合う

動物とのスキンシップも人間と同じ。犬や猫など、動物に触れることによってオキシトシンが出る。だから猫カフェがはやるんですよね。

4. 人に親切をする

親切なことをするとオキシトシンが出る、というのは意外かもしれませんがこれも科学的に証明されています。人に親切なことをすると温かい気持ちになり、オキシトシンが分泌されることがわかっています。

これは、なんと母親が親切なことをすると、それを見ている子どもにもオキシトシンが出るんです。

親切なことをすれば皆さんも子どももオキシトシンが出てみんなハッピーということ。

「お先にどうぞ」「これ落としましたよ」「席をどうぞ」……なんでもいい。これらを日常でやるように心掛けると愛する力がつきます。

いかがでしょうか？
やはりいちばん簡単なのはスキンシップですね。
ぜひ毎日の生活に取り入れましょう！

POINT

結局はママがどんなアクションをしているかが大事

神子育てコミュニケーション3大原則

さあここで、子どもとのコミュニケーションについてもっと深く考えていきましょう。

私の著書『神トーーク「伝え方しだい」で人生は思い通り』でも紹介していますが、コミュニケーションで大切なことが3つあります。

ひとつめ。

まず、言動の一致。つまり、言っていることとやっていることが違ったら人は納得して話を聞いてくれないよ、ということですね。大人同士のコミュニケーションはもちろん、相手が子どもでも、もちろんそうです。

例えば、子どもにはゲームやスマホについてガミガミ言っているのに、自分はしょっちゅうスマホを見ているとか。「お母さんはいいの」とかはダメですよ（笑）。

ふたつめ。

安心感を与えることができるかどうか。安心できる相手だから自分のことを話そうと思うし、相手の話も聞こうと思うもの。

「安心できない」状態というのは、否定されることと同様です。相手に否定されるとマイナスの強い感情が残るため、それが記憶に残りやすくなります。そうすると、その人には話したくない、話を聞きたくない、という行動につながってしまうのです。

3つめ。

自己重要感を育む声かけをすること。1日目の講座でもお話ししましたが、「ありがとう」と言うことは、相手の自己重要感を高める最強の方法です。相手に自己重要感を伝えることで、相手はこの人の言うことを聞こう、と思ってくれます。

これは子どもとのコミュニケーションでも同じ。

「命令する」のではなく、「アドバイスを求める」なども子どもの自己重要感を高める方法です。

お子さんとのコミュニケーションも、この3つをベースにやっていくといいですね。

POINT

子どもに言うことを自分でもできている。安心感を与える。自己重要感を与える

会話で目を合わせない夫婦は離婚する確率が高い

先ほどひとつめに挙げた「言動の一致」って実はけっこう難しいですよね。

ここだけの話、**「子どもにこう言っているけど、自分はできてない」ということを書いてみてください**。まず自分が子どもによく言っていることを思い出して、それに対して自分は日常どうだろう、と思い返してみるといいかもしれません。

〈参加者〉

- 時間になったら起きなさい、と言っていながら自分は目覚まし時計のアラームが鳴ってからも二度寝している。
- 子どもにウソをついちゃいけない、と言いながら自分はけっこうウソをついている。

・何分までに出る、って言ったよね、と言いながら自分は出かけてから忘れ物を取りに行くことが多い。

・ご飯の前は食べちゃだめだよ、って言っていながら、自分はついつい食べている。

・人が話をしているときはスマホ見ないで、って子どもに言ったらママも見ているよねって言われてしまった。

・信号がチカチカしているときは止まろうね、って言っているのに自分は猛ダッシュ。

・めんどくさいと言わずにやって、と子どもに言いながら自分はよく「めんどくさい」と言っている。

ありがとうございます。いろいろ出てきましたね。まず大切なのは気づくこと。

自分がやってないものを相手に求めるのは、なかなか気がひけることですよね。**自分はできていないのに子どもに言っているな、と気づけば、いい意味で子どもに対しての期待値が下がるし、許せる部分も増えます。**できてなくても私もそういうことがあるから仕方ないか、というように。

POINT

自分ができていないことを子どもに求めてはダメ

ふたつめの、子どもに安心感を与える方法。

子どもが自分のことを理解してくれるようになる、とか子どもに安心感を持ってもらうには何に気をつければいいと思いますか?

これはズバリ、話し方です。

子どもに安心感を与える話し方を毎回繰り返していれば、子どもは何でも話していいんだな、ママは私の味方なんだな、という記憶ができて、その記憶を基にした選択と行動をするようになります。

つまり、何でも話してみたい、何かあったらすぐに相談してみよう、といった選択と行動ですね。

では子どもに安心感を与えるための話し方とはどんなものなのでしょう?

まず大事なのはアイコンタクト。目を見て話すことです。

これ、誰もが知っていることだけれど、なかなかできてないですよね。

私はいろいろなところで講演をしますけれど、ボディランゲージはいつも大事にしています。相手が3人だろうが、100人だろうが、千人だろうが同じ。**常に一人ひとりに目線を合わせて話す**ように心がけています。

ちなみに、パートナーシップの心理学の研究では、夫婦で雑談するときに、相手の問いかけに対してきちんと手を止めて目を見て「なーに?」と返事するか、顔を見ないで返事するか、それによってその夫婦の離婚率が変わると言われています。

10回中、顔を見るのが3回未満のカップルは離婚率が高い。7回以上手を止めて返事をしている夫婦は離婚率が低い。

これ、知っているのと知らないのとでは今後の行動が全然違ってくると思いませんか？

たとえ今までできていなくても、これを知ってからはこの先どうしますか？

ダンナさんに話しかけられても目を向けないで返事をしているということは、離婚率が高まってもいい、ということになりますよね。

もし、ダンナさんのほうもできていないようなら、「なんで目を見て返事しないの！」と叱るより、実はこういう研究結果あるんだって、ってちゃんと教えてあげるといいですね。だから話しかけられたらお互いにちゃんと顔を見るようにしようね、って言えば円満じゃないですか？

とにかくアイコンタクトはとっても重要です。話をしている自分に興味をちゃんと持ってくれているのかどうか、という指標になるんですね。

POINT
子どもが話しかけてきたら、必ず手を止めて目を見ること

それではここで皆さんに、相手に安心感を与えるための話し方のトレーニングをしていきたいと思います。

どのようなトレーニングかというと、皆さん自身に、相手に話しかけたとき、目を向けられるのとそうでないのとではどう感じるか、体感してもらいます。話しかける側だけでなく、話しかけられる側もやってもらいますよ。

話しかけられたとき、手を止めて顔を向けるのと向けないのとでは作業効率がどう変わるかを知ると、今後の会話の仕方が違ってくると思います。

WORK

7 コミュニケーション上手になる「アイコンタクトワーク」

二人一組のペアになります。
A さんは今から 1 分半、私があるお題を言うのでそれについて書き出してください。B さんは 1 分半の間に 5 回 A さんにトントンって肩をたたいて話しかけてください。
A さんは B さんの相手をしながらいくつお題が書けるでしょうか。
終わったら、A さんと B さん入れ替えてやってみます。

1 回目　アイコンタクトなし

1 回目…「どこからきたのですか？」

2 回目…「何歳の子どもがいますか？」

3 回目…「好きな食べ物は？」

4 回目…「ダンナさんの名前は？」

5 回目…「好きなことは？」

A さんは作業をしながら上記の B さんの質問に答えます。B さんに話しかけられても目線は合わせなくていいです。書きながら答えてください。

A さんへのお題。県庁所在地を 40 個書いてください。

B さんへのお題。右の内容を A さんに話しかけてください。

2 回目　アイコンタクトあり

Aさんへのお題。国の名前を40個書いてください。

Bさんへのお題。右の内容をAさんに話しかけてください。

1回目…「どこからきたのですか？」

2回目…「何歳の子どもがいますか？」

3回目…「好きな食べ物は？」

4回目…「ダンナさんの名前は？」

5回目…「好きなことは？」

AさんはBさんに目線を合わせ、手を止めて答えてください。答え終わったらまた作業を始めます。

参加者の感想

- 私は最初に課題を書く方（Aさん）をやりました。1回目は「話しかけられるのがうるさいなぁ」と思いながら書いていたので、書くことにあまり集中できず、聞かれた内容もあまり頭に入ってきませんでした。
- 話しかける方（Bさん）をやりました。1回目は目を見て答えてくれなかったので、「話しかけちゃ悪かったかな？」という気分に。2回目はきちんとこちらを向いてくれたので、嬉しい気持ちに。
- 課題を書く方（Aさん）をやったのですが、1回目と2回目で書けた数がほとんど同じだったのにびっくりしました。2回目のほうが答える手間はかかりましたが、逆にメリハリがついたと思います。

ママの時間管理はストレス管理から

皆さんお疲れさまでした！

いろんな気づきがあったと思いますが、大きく3つあったと思います。

ひとつめ。話しかけられた側のこと。**実は顔を向けなくても向けても書けた個数にあまり変わりはなかった。**

もちろん、お題の違いによる差もあったと思います。でもまず知るべきことは、**顔を向けたほうが時間がかかるのに、なぜ想像以上にたくさん書けるのか。**これ、**ストレスとパフォーマンスの関係**なんです。

経営者の人たちに時間管理術を教えるときに言うことなんですけど、時間管理術って世の中にいろいろあるじゃないですか。でも大切なのはどういう時間管理のツールを使うか、どんなタスク管理術をするか、ではないんですね。

すべての時間管理はストレス管理なんです。

なぜ時間がないのか？　これ、「時間がない」と思っているからなんです。時間がない、というストレスが脳にかかる。そうなると脳のパフォーマンスが低下します。

脳のパフォーマンスが下がるとひとつひとつのタスクに対しての時間がかかる。つまり処理速度が遅くなる。処理速度が遅くなると、また時間がないと思う。そしてまた脳にストレスがかかる。負のループなんですね。

ストレスとパフォーマンスの関係

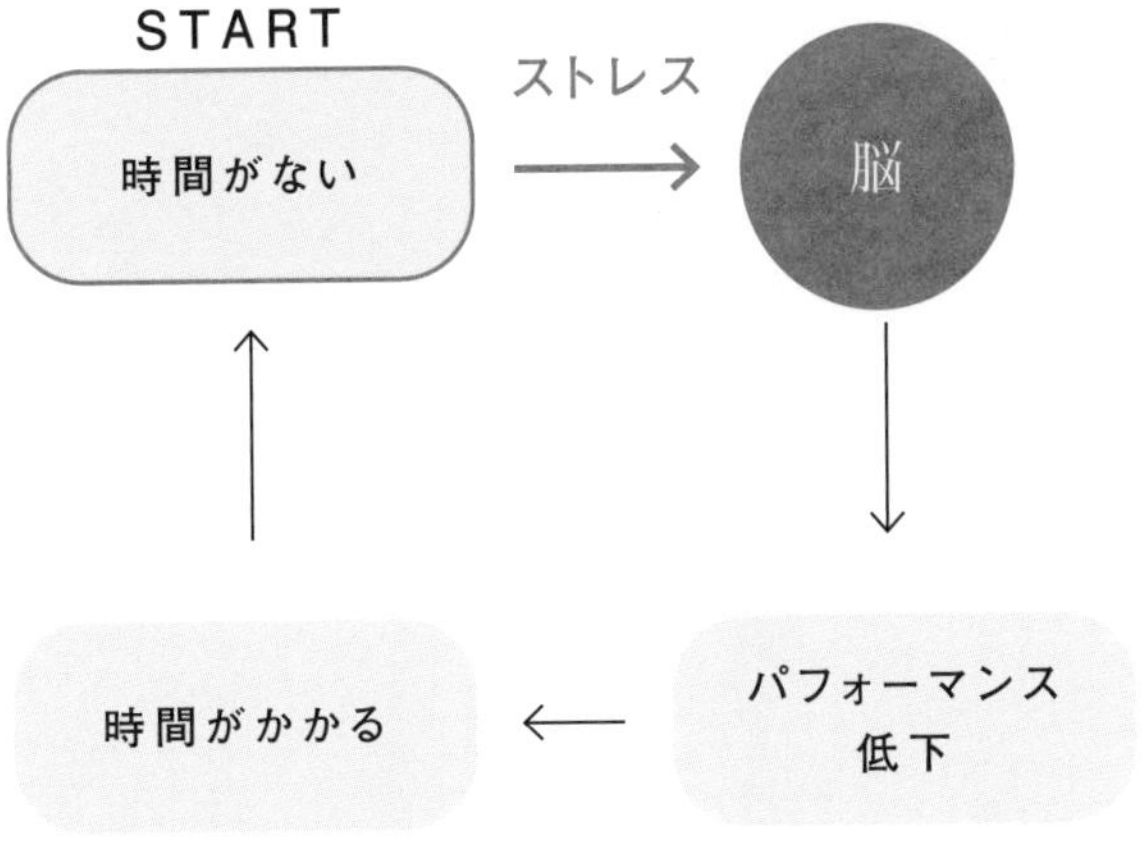

つまり、**まずは時間がないというストレスを脳にかけないのが大事**です。

最初は、課題を40個書きなさい、というストレスが脳にかかった。そのストレスの中でトントンとされるとまたストレスがかかる。パフォーマンスが下がって処理に時間がかかる。

後半のやり方では、声をかけられたら向かないといけない、というルールがあるんですね。**こちらのほうが邪魔されている感が少なく、ストレスがかからないので仕事のパフォーマンスは低下しない**。

つまりこちらのほうがひとつひとつの処理速度は高くなる。結果、最初とほぼ同じ数だけ処理できるというわけです。

POINT

子どもに話しかけられるたびに手を止めても効率は変わらない

忙しいときの「ねぇ、ねぇ、ママ？」を完全攻略

次に、話しかける側の気持ちです。

話しかけたとき、ちゃんと顔をこちらに向けてくれないと、話しかけちゃいけなかったのかな、って思いますよね。

これ、もし子どもがそう判断したらどうなるでしょうか？　それが思い込みになってしまいます。

例えば5回連続で振り向いてもらえなかったとすると、ママに言いたいことあっても言わないでおこう、ママには相談しないほうがいいんだ、と思うでしょう。

ママが忙しくしているときは話しかけるべきではない、という思い込みができてしまう。

逆に毎回手を止めて目を見てくれると、どんなことがあっても話しかけていいんだ、って思います。

再度話しかけられた側の気持ちに戻ります。

何も知識を持ってないと、邪魔されないほうが仕事は捗《はかど》る、と思いますよね。

しかし今回このワークをやってみると、そもそもパフォーマンスは変わらないことがわかりました。だったらちゃんと顔を向けて話を聞いたほうがいい、ということになりませんか？

仕事が捗るか、捗らないかは時間をかける、かけないの問題ではなく、脳のパフォーマンスの問題。ストレスなく、自分がいい状態であることのほうが大事なんです。

これはお子さんとの会話だけでなく、パートナーシップでもそう。職場でもそう。すべてにおいて当てはまることなんです。

アイコンタクトはただ目を合わせればいいということではなく、自分のパフォーマンスを上げることにも関係しているんです。

実感できたら家でも職場でもぜひ実行してくださいね。

POINT

ママの態度で、子どものママへの安心感は決まる

アイコンタクト以外にも「話を聞いてくれているんだな」という聞く姿勢はいろいろあります。

その中から、バックトラッキング（おうむ返し）とあいづちのワークをやります。

WORK

8 コミュニケーションがもっと上手になる「3つのセット」

今度はアイコンタクトだけでなく、バックトラッキング（おうむ返し）とあいづちを加えてみます。二人一組のペアになります。

Aさんは自分の好きなことを話します。

Bさんは A さんの話を聞く方法を①〜③のように変えます。

1回目　すべてやらない

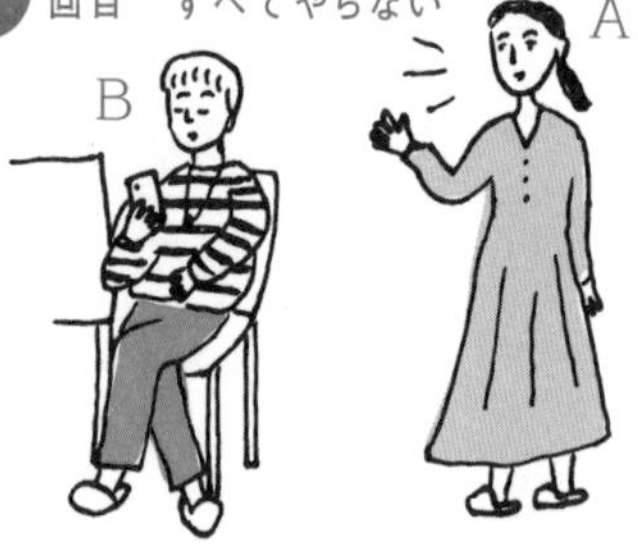

向かい合っているBさんは姿勢はだらっとし、目も合わせない。バックトラッキング（おうむ返し）もしない、あいづちもしない。

↓

2回目　アイコンタクトのみ

聞く姿勢をよくして、アイコンタクトのみをする。しかしバックトラッキングやあいづちはしない。

③回目　3つやる

姿勢をよくし、①アイコンタクト、②バックトラッキング、③あいづち、全部をやる。

参加者の感想

- 家で仕事をすることが多く、パソコンに向かいながら子どもの話を聞くことが多かったのですが、このワークをやっていつもの対応を大反省！　アイコンタクトもおうむ返しもしないで、子どもの話をウンウンと聞いているのみでした。この講座のあと、意識的に「アイコンタクト」「おうむ返し」「あいづち」をするように心がけたところ、親子関係が急速に良くなったような気がします。
- 相手の態度によって話す側もこんなに気分が違うんだ！ということを再発見しました。このコミュニケーション法は親子だけでなく、夫婦関係や職場でも使えることだと思いました。職場でも同僚や後輩に話しかけられたときは、できるだけ目をみてあいづちをするように心がけています。
- いつも子どもの話を家事をやりながらうわの空で聞いていたように思います。どこかで「そんな話はいいから早くお風呂入って」「早く寝る準備して」と急かしていたような……。たとえ短くても子どもの話をじっくり聞く時間をつくろうと思います。

皆さんおつかれさまでした！

こうやって実際体験してもらったのは、皆さんの中に「記憶」をつくるためでもあるんです。

話しかけたときにきちんと目を合わせてくれなかったときの気持ち、バックトラッキングやあいづちをしてくれたときの気持ちを皆さんの記憶に入れる。それによって、今後の皆さんの選択と行動が変わってくるんですね。

改めて**まとめてみると、聞く姿勢はアイコンタクト、バックトラッキング、あいづちの3つセットがベスト**です。

この3つがそろうと、話すほうも時間が足りないぐらいたくさん話すことがあったと思います。

子育てにおいても「今日学校どうだった？」と言ったとき「別に」と言われるのと時間が足りないぐらい話をされるのはどっちが嬉しいでしょうか。当然後者ですよね。

子どもがあんまり学校のことを話してくれないというのは、もしかしたら、こちらの聞く姿勢になにかしらの改善ポイントがあるのかもしれない。

もちろん、今日ここで習ったことを家で実践してもすぐにお子さんの反応は変わらないかもしれない。でもそれは今までの思い込みがあるからです。

それをくずしていかないといけない。

とにかくやり続けていくことが大事です。**安心感というものは、少しずつ積み重ねていくもの**なのです。

POINT

子どもが話をしてくれないのは、これまでの聞く姿勢に原因があるのかも

誰も知らない親子仲を深める特別な言葉

では本日最後のワークです。

グループごとに円になってください。

今のワークでだいぶ疲れたと思うので、最後は安心感のワークをやりましょう。

安心感を与えるワークとは、「好意の返報性」。

いただいたことは返してあげたい、と思う気持ちです。

何かもらったら返さないといけないな、という気持ちありますよね。これ、モノだけでなく、「相手からの好意」に関してもそうなんです。

だからまずはこちらから好意をたくさん相手にあげることが大事。

好意ってなんだろう？って思いますか？

具体的に言うと、ある言葉を会話の中に忍ばせるといいんです。

その言葉とは、ズバリ「好き」です。

「好き」という言葉を日常にたくさんちりばめると、すごくいいんです。

そんなに「好き」と言うシチュエーションはないと思いますか？　いえいえ、人物に対する「好き」でなくていいんです。

例えば、「○○さんのその服の色、私すごい好きなんですよ」でもいいし、「○○さんが今日つけているネックレス、すごく好き」とか。

人間の脳は基本、主語をあまり理解しないでとらえる傾向があります。

ですから、「好き」と言っている対象が「○○さんの服の色」「○○さんのネックレス」であることを理解できないので、脳の中では「私のこと好きって言ってくれる」と解釈しちゃうんです。そうすると、**「好意の返報性」によって相手もあなたのことを好きだと思ってくれる**。

こんなふうに主語をモノに変えることで、いろいろなシチュエーションに使えます。

モノを好きって言うのも恥ずかしい場合は、組織とか集団に変えてもいい。「私、ほんとにこのチーム好きだな」などですね。

ビジネスなら、「その考え方、好き」とか。

お子さんとの会話の中ではどうでしょう？「好き」という言葉をどれぐらい使っていますか？


「○○ちゃんの字、ママ好きだな」「○○ちゃんが作った工作、すごく好き」というように、**「いいね」を「好き」に変えてみてください**。

「ママは私のことを好きと言ってくれている」と思い、子どもの自己重要感も高める効果もあります。


そこで、**今から「好き」と言うトレーニングをします**。

二人一組になって、お互いに「好き」なところを伝えあってみてください。

「素敵」ではダメ。「好き」に言い換える。

言われたほうはちゃんと受け取ってくださいね。

「そんなことないです」と言ってしまうと、それは謙遜ではなく、相手を否定することになってしまう。

きちんと受け取るには、「ありがとうございます」と言えばいいんです。好き好きシャワーをあびてください。

とにかく、**好きという単語を会話に入れることに慣れることが大事**です。

はい、皆さんどうでしたか？

ちょっと照れ臭い感じもしたかもしれませんが、嫌な気持ちはしませんよね。今日帰ったら、ぜひお子さんやダンナさんに試してみてください！

POINT

とにかく「好き」と言おう。
主語が人でも、モノでも、色でも、何度でもOK

Day 5 まとめ

- 幼少期の母親との関係が子どもの将来の年収に影響を与える。
- 人を愛する力を、スキンシップ、心温まる映画、動物との触れ合い、人に親切をする、で育てることができる。
- 自分ができていないことを、子どもに「やりなさい！」はダメ。
- 子どもに安心感と自己重要感を与えることが大切。
- 安心感は話しかけられたら、手を止めて、相手の目を見ることで与えられる。
- 相手に自己重要感を与えるには、「好意の返報性」を使って、とにかく「好き」と言おう。

Day5からDay6までの
星さんから参加者への宿題

- 引き続き、1日1日を「未来の自分」、1年後の自分ならどうするか？と考えながら発言、行動をして過ごしてください。毎日「未来の自分」で生きたら、こんなことが変わった、こんな対応ができた、こういうことを感じるようになった、と書き出してください。

- 子どもやダンナさんに話しかけられたときに、アイコンタクト、あいづち、おうむ返しを意識してみます。それをやってみてどうだったかの感想を言いましょう。

※講座参加者は3～4人のLINEグループをつくり、毎日交代で報告する形で取り組みました。

Day 6

夫婦関係をアップデートして、長続きする幸福感を手に入れる

子育て世代が幸せを感じない日本

いよいよ最終日です！

この最終日、何をやろうかいろいろ考えました。やはり今までやった内容をこれからもずっと継続してやっていただきたいな、というのが私の一番の願いです。

神子育ての定義は、ママが幸せになることでしたよね。

これは、子どもにガマンをさせてママに合わせる、という意味ではなく、ママが幸せにならないと、子どもに良い働きかけができないよ、ということでした。

ですから、皆さんの幸福感が長続きする仕掛けをいろいろつくっておきたいと思いました。そしたら、もしかしたらお子さん以上に皆さんの幸福感を左右する存在を思い出してしまったんですね（笑）。

子育てをしていると、知らず知らずのうちに優先順位が下がっている人の存在です。子育てを優先するあまり、なおざりになっているもの、ありませんか？

そう、**夫婦関係**です。

そこで最終日の今回はパートナーシップの話をしていきたいと思います。

現代は多様な価値観がありますし、必ずしも結婚することが幸せに結びつかないことも皆わかっていると思います。

とはいえ、やはり**いろんな調査をみても、結婚している人のほうが結婚していない人よりも幸福度が高い、という結果が出ています**。

ただし、あるデータにおいて、世界と日本では真逆のデータが出ています。

何かというと、**日本は結婚直後は幸福度は高いけれど、40～50代の結婚している人の幸福度が他国に比べて低い**んです。

これ、何を意味していると思いますか?

30代後半から50代前半の、子育てがたいへんな時期にパートナーシップに関する幸福度がいちじるしく低い。

これは子育てのストレスなのか?というとそうではなくて、これはあくまでパートナーシップにおける幸福度の調査なんですね。

つまり、日本は子育て真っ最中の夫婦は、パートナーシップへの関心度が低くなっている、ということではないでしょうか。

しかし、**子育ての軸をつくって**

年齢と幸福度の関係

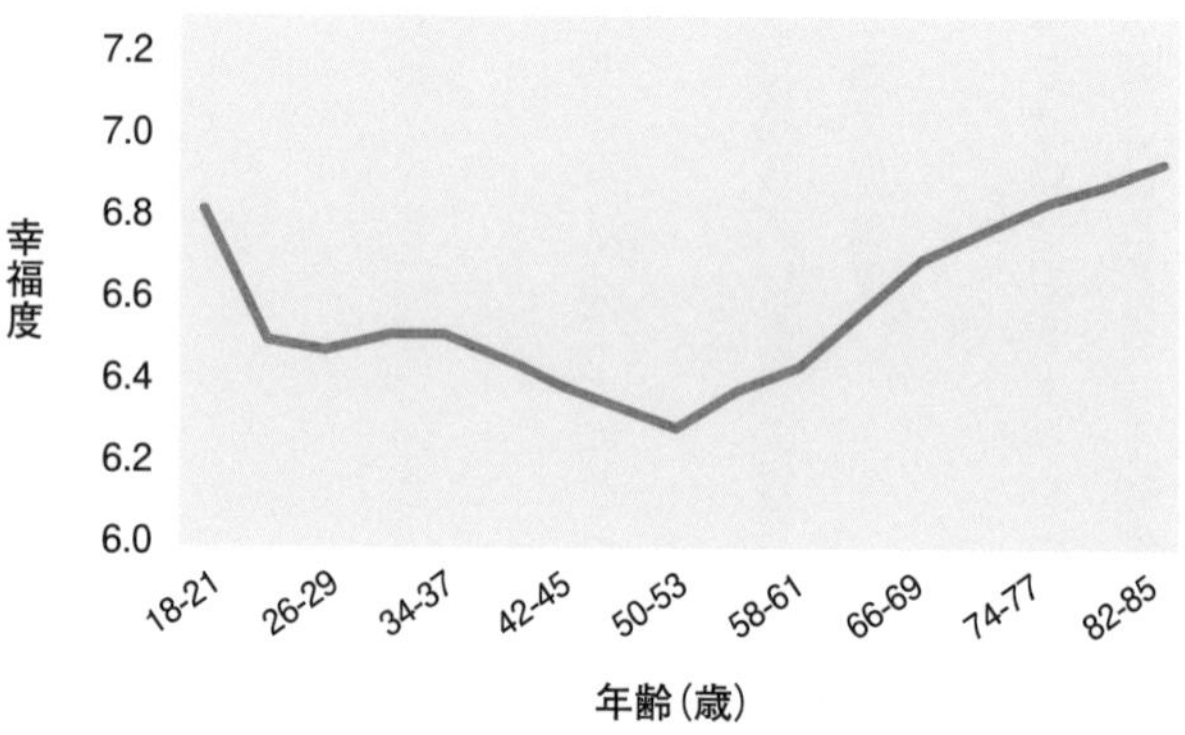

注)『実践ポジティブ心理学　幸せのサイエンス』(前野隆司著　PHP新書)より

いくことと、夫婦間でどうコミュニケーションをとっていくか、っていうことは密接に結びついていることは言うまでもありません。

それに皆さんとお子さんの関係性がすごくよくなっていっても、ダンナさんが自分の思いと真逆のことをやっていたり、自分の努力にまったく気づいていないとしたらどうですか？

それはそれで非常にストレスですし、幸福感も下がりますよね。

そこで、今回は**パートナーシップをアップデートして、幸せ感を落とさない方法**を学んでいきたいと思います。

ちなみにパートナーの影響力がどれぐらいあるかを調べた面白い研究があるんです。

夫婦で並んでもらい、奥さんのほうは椅子に座ってもらってかるい電気ショックを与えた。すると脳はどう動くか、という実験です。そのときに自分ひとりで電気ショックをうけた脳波計と、若いイケメン男性に手をにぎってもらってショックをうけたとき、ダンナさんに手をにぎってもらったとき。

結果は、**ダンナさんに手をにぎってもらっているときのほうが痛みは半減した**。

（一同）えー（笑）。

よく結婚式などで、「これからは夫婦で悲しみは半分、喜びは2倍に」っていうような祝辞を言うじゃないですか。あれって科学的にも正しいんですね。

それに、いずれ子どもは独立しますので、子どもが成人して家を出たら、今住んでいる家にダンナさんと二人っきりになるんですよ。想像できますか？「子育ては楽しかったね」「これからは二人で楽しくやっていこうね」となるように今のうちに手を打っておきましょう。

では、夫婦でどうやって幸福度を上げていくの？っていう話にすすんでいきます。

まずは、皆さん自身が現時点で思っている理想の夫婦像を考えてみましょう。1日目の「幸せの目的地」を考えるときに出てきた方もいるかと思いますが、いま一度、言語化して整理してみましょう。

子どもとの関係でも、二人だけの時間はこう過ごす、でもなんでもいい。週に○時間は別々の時間を楽しむ、でもいいです。

どんなことが書けたでしょうか。そしてぜひダンナさんにも書いてもらいましょう。

どんな内容が出てきたでしょうか。

POINT

子どもとの関係が良くても
夫婦関係が良くないと幸福度が下がる

価値観を一致させて夫婦関係を再起動させる

どんな夫婦が幸福度が高いのか、というと、これはもう歴然とわかっていて、「価値観が似ている」ということなんですね。性格は似ていなくてもいい。ただ、価値観は似ているほうが幸福度が高い。

例えば、ダンナさんもよくしゃべるし、奥さんもよくしゃべるね、というのは性格が似ているということ。それに対して、モノよりも体験や食事にお金を使おうね、というのは価値観が似ている、ということです。

離婚の原因は価値観の相違、というのはよく言われることです。

ただ、価値観というのは今まで生まれ育っていた環境の中で固有にできあがっているものだから、修正することはできない、と思いがちです。でも、実際には全然そうではなくて、お互いの価値観はすり合わせすることができるし、共有できる。修正できない、と思っている人はすり合わせよう、共有しようという努力を怠《おこた》っているだけだと思います。

初日にちらっとご紹介しましたが、我が家では月一で夫婦のMTG（ミーティング）を行っています。

僭越《せんえつ》ながら、我が家のMTGの内容を紹介します。

- 先月の振り返り（相手にしてもらって嬉しかったこと・改善してもらいたいことを伝え合う）
- 今月の過ごし方の確認（今月やってみたいこと・やらなければならないこと・スケジュール確認）
- 相手に感謝していること（3つずつ伝え合う）

いかがですか？ やってみると意外と楽しいですよ。

POINT

最近、夫婦2人でゆっくり話したのはいつですか？

今までこのような夫婦のMTGをやったことがない、というご家庭なら、この講座で幸せになる方法やコミュニケーション法を学んできた皆さんのほうからダンナさんに働きかけたほうがいいと思います。そのほうがスムーズにいきます。

それでも、うまくコミュニケーションがとれるかどうか、話し合いができるかどうか心配かもしれませんね。そもそも「仕事で疲れているからあとでい い」とか言われたりする可能性もあります。

そこで思い出していただきたいのが、DAY5でやった相手に耳を開いてもらう、コミュニケーション法です。

3大条件がありましたね。覚えていますか?

1. 言動の一致

2. 安心感

3. 自己重要感

ですね。とくに3つめの自己重要感を持たせる方法は男性には有効です。

具体的には、会話の中に、

「いろいろ頑張ってくれているね」

「すごいと思っているよ」

「尊敬しているよ」

「家族みんなパパを大事にしているよ」

など相手の自己重要感を高める言葉を入れるのです。


言葉って極端な話、感情がこもってなくても受け取ることができるのでとりあえず言ってみることが大事ですよ（笑）。

POINT

男性には「自己重要感」を高める会話が効果的

夫を味方にするシンプルな行動

今回はせっかくですから、皆さん方の夫婦関係が今までよりもっとよくなって、幸せ感が長続きすることにチャレンジしていただきたいと思っています。

それは何かと言うと……、

今からダンナさんにプレゼントを買いに行ってもらいます。

（一同笑）

高価なものでなくていいです。高くても5千円までぐらいかな。

これは、**何でもない日にプレゼントするのがポイント**なんです。

ねらいは3つです。

1. 何でもない日にプレゼントをもらったという「記憶」をつくる。

おそらく、誕生日でも何でもない日にプレゼントをもらう経験ってそうないですよね。ということは、それが強い記憶＝情動記憶になるのです。「あー、あのときプレゼントもらったな」という記憶がダンナさんの今後の選択と行動に影響を与える可能性があります。

2. 何でもない日にプレゼントをもらったという「幸せな経験」が幸福度を上げる。

基本的に、幸福度が上がるお金の使い方は、「モノ」に使うよりも、「体験」「経験」に使うことです。しかも、「体験」「経験」で得た幸せ感は長続きします。今回は、「モノ」を買いますが、もちろんそれを買うことが目的ではなく、本当の目的はそれを何でもない日にダンナさんにプレゼントする、という「幸せな経験」をつくることです。

3. 今までやっていないことをやることによる、新しい関係性づくり。

「結婚した」こと自体の幸せはわずか2～3年しか続かないと言われています。その代わり、「安心感」や「安定感」は増えるわけですが、**脳が「順応」し、ときめきがなくなることは、幸福度が減少することにもつながります。**日常生活の中に「いつもと違うこと」「今までやっていないこと」を差し込むことは、脳に刺激を与え、ワクワク感、ドキドキ感を増やし、幸福度アップにつながります。

POINT

「何でもない日」にプレゼントをあげよう

さあ、これでプレゼントを買いに行く意味が納得できましたか？

買うものは基本おまかせしますが、ちゃんとラッピングをしてもらってくださいね。それではいってらっしゃい！

夫婦間は「重めの感謝」が喜ばれる

おつかれさまでした！

さあ、ではこのプレゼントをダンナさんにどうやって渡しましょうか？

せっかくなら、最高に効果のある渡し方をしませんか？

ここで復習です。男性はとくに「自己重要感」を満たしてあげるといい、という話をしましたが、自己重要感を満たす方法、初日にもやりましたね。覚えていますか？　何がありましたっけ？

（参加者）「ありがとう」を伝える。

そうです！　ありがとうを言うこと。つまり感謝を伝えることです。

今回は行動への感謝だけではなく、存在への感謝。重めの感謝がいいです。

今までの出来事や日頃の行動、行為にプラスして、「私の人生にあなたの存在がいい影響を与えていますよ」という内容がベスト。

シカゴ大学の調査でこんなものがありました。

あることをやることによって相手がどれぐらい喜ぶと思いますか？と事前に予測を立て、実際にやってみて、相手がどれぐらい喜んだかを調査したものです。

結果はそれをやることによって、事前の予想をはるかに上回って相手が喜んだんですね。

何をやったと思いますか？

感謝の手紙を渡したんです。

だとしたら、この講座の締めとして、このワークをやらない手はありませんよね！　あれ？　ここに東急ハンズの袋があります（笑）。

私がこのプレゼントを渡すワークのために、手紙セットを今日ここに来る前に買ってきました。

いまから30分時間を取ります。ダンナさんに感謝の手紙を書いてもらいます。

（一同）「えーーー！」

先ほどのシカゴ大学の調査でもね、これを実際にやるとなると、被験者の中にはやりたくない、という拒否反応もあったらしいんですよ。

理由のひとつは相手に「おかしくなったんじゃないかと思われる」とかね。

「感謝することって大事だ、それを手紙で伝えることは効果的だ」というのはみんなわかっているんだけど、実際やる人はいないわけなんですよ。知っているのにやっていない。これこそ「感謝軽視バイアス」です。

今はメールもLINEもあるからそもそも手紙を書くこと自体、めったにないかもしれないですね。

だからこそ、手紙がいいんです。それも一緒に暮らしている家族に送る。今まで家族に感謝の手紙を書いたことってありますか？ないとしたら、なぜですか？　**理由のひとつは毎日一緒に暮らしているし、感謝していることぐらいわかっているよね、という思い込みでしょう。**

ふたつめは感謝を手紙で伝えるためには表現力が必要だと思っているから。うまく伝えられなかったら嫌だな、と思ってハードルが高くなっている。でも**実は表現力というのはほぼ必要ない**んです。**表現力がなかったとしても、それでも伝えようとしてくれたところにむしろ好感を持つ**ものです。

実際、その研究結果でわかったのは、事前に被験者が不安に思っていたこと（相手からおかしくなったんじゃないかと思われないか、変に思われないかなど）は、事例としてはひとつも起きなかったそうです。

むしろ、**書いた本人が思っていた以上に相手が喜んでくれ、対応がよくなっ**

た、という結果になったそう。

いかがでしょうか？　ダンナさんに感謝の手紙を書いて、プレゼントとともに渡してもらおうかと。

これはすごくインパクトあると思いますよ。わくわくしますね。

参加者、感謝の手紙を書く

はい、おつかれさまでした。

皆さん、とても真剣な目で書いていらっしゃいましたね。きっと素敵な内容になっているんじゃないかと思います。文章の上手い下手は関係ありません。大事なのは自分の思いをきちんと言葉にして伝えることです。

POINT

身近な相手に手紙を送るのは相手の幸せ感を高める最強の行為

幸せなママは相手の瞳に映る自分の姿を意識する

ここで改めて、ダンナさんやお子さんなど、家族とのコミュニケーションはもちろん、人とコミュニケーションを取る上でもうひとつ心掛けてほしいことをお伝えします。

それは、**「相手の視覚情報をコントロールしよう」**という意識です。

視覚情報はなぜ重要かというと、我々が情報を受け取る約90％が目からの情報と言われています。

人の印象もそうです。明るい人、暗い人、体調が良さそう、具合が悪そう、好意的に思っている、嫌われているかも……などです。**コミュニケーションが上手い人はその視覚情報をコントロールするのが上手い。**

例えば私がやっているビジネスコンサルティング業界では、腕ききのコンサルタントはビジネス戦略をたくさん持っていることはもちろんそうですが、皆共通してあいづちを打つのがうまいんですよ。

うん、うん、なるほどーってね。

コミュニケーションって究極のところ、大事なのは相手からどう見えているか、つまり自分の姿を相手にどう映すか、ということだと思うんです。それによって相手の自分に対する印象はガラリと変わるから、ここをコントロールしていかないといいコミュニケーションは築けません。

つまり、目線を合わせるとかあいづちは単にテクニックであって、本質はなにかというと、相手から見えている自分の姿、相手の視覚情報をちゃんとコントロールしているか、ということです。

あなたのことを大切に思っていますよ、あなたの言葉に耳をかたむけていますよ、ということをちゃんと伝えているかどうか。それが、視覚情報をコントロールできる人です。

いちばんいいのは笑顔です。笑顔であいづちを打つことです。

とにかく、自分が話をしていないとき、聞いている側に回ったとき、今の私、相手にどういうふうに映っているんだろう、って考えてみる。

そうすると子どもとのコミュニケーションも、パートナーシップも、あらゆる人との関係性が向上すると思います。

私は、イラッとしたら、無理やりでも口角を上げるようにしています。

皆さんも相手の言葉や態度にイラッとすることがあると思いますが、そんなときこそ今自分はどういう表情しているかな、どういう姿勢をしているかな、って考えてみるといいと思います。

ネガティブなことを言う相手って、こちらもネガティブな反応をするのを本能的に見たい、という欲求があると思うんです。クレーマーみたいな人もそうですよね。自分が言ったことが相手に影響した、ということを確認したい。だからそれを逆手にとって、笑顔で「なるほど」「いいじゃん」って言ってしまえば、相手は拍子抜けしてしまう。

あと、相手への視覚コントロールとして覚えておきたいのは、人は相手に嫌なことを言われたときって腕組みをすることが多いんです。体でブロック態勢を作るんですね。逆に手のひらを見せるのは受け入れ態勢です。

たとえ相手の話が受け入れがたいと思っていても、腕組みをせず、いったんは手のひらを見せて視覚的に受け入れ態勢を示すのもいいかもしれません。

POINT

話を聞くときは、笑顔であいづちをする。腕組みも、足組みもしない

コントロールできないものに期待しないママが幸せ

さて、感謝の手紙は書けましたか？

中身をシェアしましょう。二人一組で簡単に1分ずつ。

さあ、最後にお伝えしたいことがあります。

それは、**手紙やプレゼントを渡したとき、ダンナさんの反応を求めてはいけない**、ということです。

この手紙とプレゼントを渡すことができた、というのが私たちの課題のゴールです。好ましい反応がもらえたかどうかは別の問題。

アドラー心理学による**「課題の分離」**というものですね。

つまり、物事にはかならず自分でコントロールできるものとコントロールできないものがあります。

だいたい人が悩んでいたり、落ち込んでいたりするのは自分でコントロールできないものに対してのことが多いんですね。

なので、自分が考えるべきことは、自分でコントロールできる範囲のもの、と最初から割り切っておくといいんです。これができているならオッケーって。できないことは、それはそれで仕方ないでしょ、って割り切る。

それがいいんです。

POINT

欲しいのは相手の反応ではない。自分がやろうと思ったことができたか、できなかったかという事実だけ

今回、ここで手紙を書いて、渡すか渡さないかは自分でコントロールできること。相手の反応はコントロールできないこと。

そもそもですね、皆さんが期待するようなダンナさんの反応はまずは起きない、と思ったほうがいいです（笑）。

人間、急に素直になれるわけはないし、感情をすぐに表には出せないことも多い。だから、基本的には反応はない、と思ったほうがいい。

男性ってプライド高いし。素直じゃないと思ったほうがいい。もしあるとしたら時差があると思ったほうがいい。その場で「わあ、感動した！」っていうのは100%ないですから（笑）。

自分でコントロールできる範囲のことが実行できたら、自分にオッケーを出してくださいね。すごいね、やってよかったね、って。

さあ、いよいよ最後になりました。

グループごとにこの3ヶ月どうだったかを、メンバーに対しての感謝の気持ちとともに振り返りたいと思います。

参加者、グループになって感想を言い合う

さて、大事なのはここからです。

講座が終わったら元に戻っちゃいました、では意味がないですからね。これからも皆さんでお付き合いしながら、いろいろやっていければと思います。

本当に3ヶ月間ありがとうございました！

（一同大きな拍手）

Day 6 まとめ

- 夫婦関係の幸福度が低いと子育てにも影響が出る。
- 夫婦で価値観をすり合わせることがポイント。
- 男性には自己重要感を与える言葉が効果的。
- 夫婦間でも「重めの感謝」が効果的。
- 感謝の手紙をパートナーに書いてみよう。

Day6以降の
星さんから参加者への宿題

☑ダンナさんにプレゼントと手紙を渡したらどうだったかをLINEグループでシェアしてください。

※参加者は3～4人のLINEグループで、交代で報告する形で取り組みました。

memo

終わりに

貴重な時間を使ってここまで読んでいただき、本当にありがとうございました。

日本最大手の子育て雑誌『AERA with Kids』（朝日新聞出版）さんの企画で開催されたこの「神子育て」講座。

この講座で、何より嬉しかったのは、講座をすすめていく過程で参加者の方から、ご自身だけでなくお子さんやダンナさんにもいい影響が出てきた！という報告をたくさん受けたことです。

●息子が野球の練習で汚れた靴下を自分で洗うようになった！

- コミュニケーションが苦手だった息子が、お隣さんに元気よく挨拶するようになった！
- 自分の言葉を変えたら、夫も協力的になって、夫とすごく仲良くなった！！

などなど。ここには書ききれないほどです。

とくに、お子さんの変化を聞いたときは、大学時代、塾講師に週6でのめり込んでいたときのことを思いだしました。

その塾は高校受験対策の塾だったのですが、私はよく、学力別に分けられたクラスで一番下のクラスと、「上から2番目のできるんだけど、あともう少し！」というクラスを担当することが多かったのです。

そんな子どもたちに、他の先生たちは「なぜ宿題をやらないのか」「こんな問題はこの前もやったぞ」という言葉で接していました。

その光景を見たときに、「これでは子どもたちはやる気にならないな」と確信しました。

そのころから心理学や脳科学の本を大量に読んで学び、「人を動かす」ことを理論的に考えるようになりました。

そしてその知識を塾の現場で実践したところ、子どもたちは耳を開くようになり、私のクラスの子は皆、成績が上昇していったのです。

この体験以降、私は「人は心理学をベースにアプローチすれば変われるのだ」と強く考えるようになりました。

そして、それは子育ても同じです。

もちろん私自身も。

とはいえ、世の中の多くのママ達は子育て以外にも、家事や、仕事、そして学校や、親戚、ご近所との人間関係など、やらなければならないことが多く、どうしても子どもが思いどおりに動いてくれないとイライラしてしまうのは、仕方がないと思います。

そんな自分を責めていませんか?

私は断言します。悪いのはあなたではありません。なぜなら、あなたは十分頑張っているじゃないですか。そうじゃなければ、今ここの文に辿りつくことはできません。

子育てで悩み、日常が忙しくてつい子どもにイラッとしてしまう。
これは誰かが悪いのではなく、シンプルにまだ「科学的に子育てを攻略する知識」を知らなかっただけです。

だから、もう大丈夫です。

ここに、お子さんもそうですが、ママとして、ひとりの女性として、幸せに子育てをしながら生きていけるための科学的な方法があります。
しかも、それはすでに、子育てに悩むママが体験し、実践して効果があるよと示してくれています。

今まで大変でしたよね。人によっては、どこか孤独を感じていたり、どこか寂しい思いをしていたかもしれません。

でも、もう安心してください。先に奇跡的な子育ての変化を体験してくれたママ達と共に、新しい自分、新しい子どもとの関係、そして、新しい毎日をここから一緒に歩み出していきましょう。

あなたはもう一人ではありません。

ただ、もしかしたら「神子育て」を実践する中で、不安になること、相談したくなること、励ましてもらいたくなることもあるかもしれません。

そんなときのために、私があなたの味方であるということを行動で伝えるために、神子育てを読んでくれた方専用のＬＩＮＥのアカウントを作りました。私のこのＬＩＮＥを友だち追加すると、相談したいことを直接送ることができます。

さらに、期間限定ですが、毎朝あなたを勇気づける音声が７日間届く「神メンタル音声プログラム」を無料でプレゼントして応援します！　ＱＲコードを読み込むか、スマホでＬＩＮＥを開いていただき「@kamikosodate」をＩＤ検索して友だち追加してください。期間限定なのでお早めに。

本書を完成させるにあたっては多くの方にご協力いただきました。

特に、「AERA with Kids」前編集長の江口祐子さん、江口さんとのご縁をつないでいただいた黒田剛さん。

そして、何よりも本書に先駆けて、「神子育て」を実践、体験してくれた受講生の皆さん無くして、この本を作り上げることはできませんでした。

私にとっては初めての、実際に開催した講座を本にするという試みでしたが、この新しい試みで一人でも多くの方の力になれたらとても嬉しく思います。

そして、最後にここまで貴重な時間を使って読んでくれた、あなた。

これまで上手くいかないこともあったでしょう。自分が嫌になることもあったかもしれません。パートナーのせいにしたこともあったかもしれません。でも、今日でそんなことを思っていた自分とはお別れです。

大丈夫、あなたならできるはず。

「神子育て」で、生まれ変わったあなたにどこかで会えることを楽しみにしています。そして、その日まで私も、先に神子育て講座を受講したママ達もあなたのことを応援しています。

あなたは一人ではありませんからね。この本に出会ってくれてありがとうございます。そして、これからも宜しくお願いします。

感謝と応援の思いを込めて。

２０２１年　３月

星　渉

星 渉（ほしわたる）

作家、講演家。1983年仙台市生まれ。心理学、行動科学をベースにした人材育成をする株式会社Rising Star代表取締役。大学時代に塾の講師をし、当時から心理学的手法を用いて子ども達に勉強を教え、合格率98%のカリスマ講師として話題になる。大学卒業後、一部上場企業の大手損害保険会社に勤務。東日本大震災に岩手県で被災。自身も生死を問われる経験をした事から、「自分の残りの人生はすべて好きなことに費やす」と決意し、2011年に起業。「好きな時に、好きな場所で、好きなシゴトをする個人を創る」をコンセプトに活動。現在まで、国内だけに留まらず、ニューヨーク、メルボルン、シドニー、パリなどでも講演会、勉強会を行い1万2000人以上が参加。育成した起業家は600人以上にのぼる。脳科学、認知心理学などをベースにした「心を科学的に鍛える」独自のビジネス手法は、起業家だけでなく、OL、主婦にも人気。2020年に結婚。現在は住まいを北海道札幌市に移し、自身の会社がある東京と札幌を行き来するデュアルライフを送っている。
『神メンタル』『神トーーク』『99.9%は幸せの素人』（すべてKADOKAWA）は累計30万部を超えるベストセラーに。

企画協力●黒田剛
装丁●小口翔平＋加瀬 梓（tobufune）
本文デザイン●高橋明香（おかっぱ製作所）
イラスト●鹿又きょうこ
校閲●若杉穂高
編集●江口祐子

科学的にイライラ怒りを手放す 神子育て

2021年4月30日　第1刷発行

著　者　星涉
発行者　佐々木広人
発行所　朝日新聞出版
〒104-8011　東京都中央区築地5−3−2
電話　03-5541-8555（編集）　03-5540-7793（販売）
印刷所　大日本印刷株式会社

Published in Japan by Asahi Shimbun Publications Inc.
ISBN 978-4-02-331934-9